Hugo Preuss

Das Völkerrecht im Dienste des Wirtschaftslebens

Hugo Preuss

Das Völkerrecht im Dienste des Wirtschaftslebens

ISBN/EAN: 9783743310131

Hergestellt in Europa, USA, Kanada, Australien, Japan

Cover: Foto ©ninafisch / pixelio.de

Manufactured and distributed by brebook publishing software (www.brebook.com)

Hugo Preuss

Das Völkerrecht im Dienste des Wirtschaftslebens

Das Völkerrecht

im

Dienste des Wirthschaftslebens.

Von

Dr. Hugo Preuſs.

BERLIN 1891.
Verlag von Leonhard Simion.

Hätte Jemand einem ehren-, hand- und sattelfesten Ritter jener Zeiten, die uns als das «dunkle» Mittelalter erscheinen, eine Rede darüber gehalten, wie es rechtlich nothwendig und wirthschaftlich heilsam sei, dafs er seinen Spahn mit seinem Nachbarn oder den Kaufleuten der Stadt nicht mit seinem starken Schwert, sondern mit seiner schwachen Rede- und noch weit schwächeren Schreibekunst austrage; wie bereits ohne sein Wissen und Wollen rings um ihn eine Entwickelung ihre Fäden spinne, die ihn und den städtischen Krämer, den Fürsten und den Bauer in ein gemeinsames Netz verstricken, aus ihnen allen ein rechtlich geordnetes und befriedetes staatliches Gemeinleben bilden werde — was würde wohl der Wackere geantwortet haben? Gar nichts vermuthlich, sondern ausgelacht hätte er den Narren. So er aber ein absonderlich nachdenklicher und zum Diskurs geneigter Herr gewesen, hätte er wohl darauf hingewiesen, dafs das freie Fehderecht das unveräufserliche Recht des freien Mannes und Ritters sei, dafs mit jenen Ideen keine Ritterschaft, ohne Ritterschaft aber weder das heilige Reich noch die heilige Kirche bestehen könne, und dafs in der Erfahrung auch allemal das gute Schwert des guten Rechtes bester Beweis und Schirm sei. Ein gelahrter Meister der Scholastik aber mochte wohl nicht alles loben, was der einfältige Rittersmann sagte und that; jedennoch hätte er manch' erbaulich' Wort zugefügt, wie Gott gleich dem geistlichen und weltlichen Schwert so auch die verschiedenen Stände geschieden habe zu verschiedenem Werk, was folge aus Begriff und Wesen der Stände und unveränderlich sei in Ewigkeit.

Heut zu Tage sind wir ja natürlich viel heller als das dunkle Mittelalter. Unsere Praktiker, die von der Macht der Idee nichts wissen wollen, sitzen nicht mehr im Sattel, sondern in den Amtsstuben, und unsere Theoretiker, die von den Gebilden und Forderungen der Wirklichkeit nichts wissen wollen, mögen nicht mehr Scholastiker, selbst nicht verdeutscht: Schulmeister heifsen. Dennoch erheben manche von ihnen gegen die jugendlich aufstrebende Wirksamkeit und Lehre des modernen Völkerrechts ganz ähnliche Einwendungen, wie sie die Männer der Praxis und der Schule des Mittelalters den ersten Regungen des neueren Staatsgedankens entgegensetzen mochten. Die Zeit, die Logik der Thatsachen, welche immerdar stärker war, ist und sein wird als die der Menschen, ist über diese Einwände hinweggeschritten, wie sie über jene hinwegzuschreiten im Begriff ist. Das Völkerrecht, ein internationales Recht — zunächst jedenfalls — der civilisirten Nationen, welches, die staatlichen Grenzen durchbrechend, die auf dem Boden gemeinsamer Kultur und gemeinsamen Verkehrs stehenden Völker verbindet — ein solches Recht existirt in lebendigster Wirklichkeit; in tausend Verhältnissen des täglichen Lebens macht es seine Existenz segensreich fühlbar, was auch immer der Doktrinarismus der Routine und der Schulweisheit dagegen sagen mag. Und wenn dagegen auf die nicht weniger reale Fortexistenz des Krieges hingewiesen wird, darauf, dafs eben jene modernen Kulturstaaten in immer gesteigerter Kriegsrüstung einander gegenüberstehen, die drohende Wetterwolke verheerenden Völkerzwistes ständig über ihnen hängt, so beweist dies so wenig gegen das Völkerrecht, wie etwa die fortbestehende Möglichkeit der Seuchen und Epidemien etwas gegen die Hygiene beweist. So wenig letztere das Lebens-Elixir der Wunderdoktoren zu finden wähnt, ebenso wenig beansprucht das Völkerrecht einen Talisman zu besitzen, der alle Kriegsgefahr mit einem Schlage beseitigt. Aber wie jene so hat auch dieses trotzdem ein weites Feld segensreichster Wirksamkeit. Diese materielle Friedensarbeit geht neben jenen Kriegsrüstungen unablässig und unwiderstehlich ihren Weg. Dafs die Binnenschifffahrt in der Ausnutzung der natürlichen Wasserstrafsen nicht mehr durch die Staatsgrenzen behindert wird, dafs die Seeschifffahrt freier und rechtlich gesicherter geworden, dafs Personen und Güter im Wesentlichen ohne Gefährdung der Rechtssicherheit von einem Staate in den anderen gehen können, dafs der Schutz der Gerichte im Allgemeinen auch dem fremden

Kaufmann sich nicht versagt, dafs Postsendungen nach allgemein gültigen Normen und Portosätzen alle Gegenden der civilisirten und viele Theile der halbcivilisirten Welt erreichen, dafs der Reisende in einem und demselben Eisenbahnwagen fast die ganze Breite Europas mit all ihren Staatsgrenzen durchqueren kann — dies und manches andere sind Errungenschaften des internationalen Rechts, das sich also klar genug an seinen Früchten erkennen läfst. Diese Früchte nun sind, wie schon die wenigen Beispiele andeuten, überwiegend wirthschaftlicher Natur; im Dienste des Wirthschaftslebens errungen, fördern sie dieses; aber zugleich fördert das dadurch bereicherte wirthschaftliche Leben der Völker seinerseits wieder die Entwickelung des Völkerrechts, gemäfs dem Gesetz der Wechselwirkung, das alles organische Leben uud Wachsen charakterisirt. Jedoch keineswegs bildet dieser innige Zusammenhang mit dem Wirthschaftsleben eine Besonderheit des Völkerrechts, vielmehr ist er sämmtlichen Erscheinungsformen des Rechts, ganz besonders in ihren Anfängen, vor ihrer formellen Reife eigen. Gerade hierdurch sowie durch den Mangel einer entwickelten formellen Organisation gewährt das Völkerrecht den für Wissenschaft und Leben gleich werthvollen Einblick in den Werdeprozefs des sich gestaltenden Rechts.

Eine solche Betrachtung erfordert freilich die vorurtheilslose Befreiung von manchen tief eingewurzelten Irrthümern, die noch vielfach — bewufst oder unbewufst — den Ausgangspunkt der juristischen wie der philosophischen Anschauungsweise bestimmen. So wenig der absolute Staat des vorigen Zeitalters vom Standpunkte der mittelalterlichen Grundanschauungen aus gedanklich zu erfassen war, so wenig ist es der heutige Staat unter dem Banner der Grundideen jener letzt vergangenen Epoche. «Tempora mutantur et nos mutamur in illis» — ein äufserst banaler Satz, der jedoch trotz seiner wohl erworbenen Eigenschaft als Gemeinplatz nicht allen Beobachtern dieser Dinge genügend in Fleisch und Blut übergegangen ist. Auch auf den Inhalt der Begriffe «Staat» und «Recht» erstreckt sich in eminenter Weise das Gesetz des ewigen Wandels alles Irdischen. Wie die scheinbare Konstanz der Arten in der Thierwelt vor der heutigen Wissenschaft als Irrthum erscheint, so auch die weit leichter als Irrthum zu erkennende Konstanz jener Begriffe. Und ganz derselbe Satz, welcher der Naturwissenschaft jene Erkenntnifs vermittelt, dient dazu auch hier: unendlich kleine Wandlungen in unendlich grofsen Zeiträumen. Unendlich klein sind die Wandlungen, die das Leben jedes Tages, jedes Jahres in den Inhalt der Begriffe Recht und Staat hinein trägt, so klein, dafs sie den Mitlebenden nicht zum Bewufstsein kommen können, — und leider giebt es kein Mikroskop für die geistige Beobachtung; aber nach Generationen, nach Jahrhunderten sind die Wandlungen für den rückwärts Schauenden mit Händen zu greifen.

Der Philosoph, der da berufsmäfsig das Ding an sich hinter der Fülle seiner wechselnden Erscheinungsformen sucht, ist leicht geneigt, die Bedeutung jener Wandlung zu unterschätzen und nach unvollständigen Beobachtungen gewisse Begriffe von Staat und Recht als unwandelbare Denkkategorien zu abstrahiren. Ist das einmal vollbracht und das Dogma fertig, dann wehe den Erscheinungen der Wirklichkeit, die sich erkühnen, nicht hineinzupassen; erbarmungslos werden sie in das Urnichts hineindeduzirt. Doch auch der Jurist wird vielfach auf den gleichen Weg hingedrängt, nicht nur insofern er ein Schüler der Philosophie ist und sein mufs, sondern auch durch seine eigensten praktischen Aufgaben. Für diese mufs das Recht seinem Wesen nach als etwas Stabiles erscheinen, während es in Wahrheit sich in Flufs und Bewegung befindet; die Jurisprudenz im engen Sinne hat nicht wie die Geschichte eine Bewegung, sondern einen Zustand zum Objekt, also im letzten Grunde eine Fiktion, einen gedachten Stillstand, den es in Wirklichkeit nicht giebt. So legt sie ganz begreiflicher Weise den Schwerpunkt auf das formale Moment; denn die Formen sind das verhältnifsmäfsig Stabilere; während ihr Gehalt sich wandelt, oft sich verflüchtigt, dauern sie unter Umständen bis zur völligen Ausleerung, und ein gewandelter, erneuerter Inhalt braucht meist viel Zeit und Kraft, ehe er sich eine neue Form zu schaffen vermag. Daraus erklärt es sich wiederum andererseits, dafs der Jurist, gerade weil sein Gesichtskreis häufig nur dies formale Moment umfafst, eben die Eigenschaft des Formalen im Gegensatz zu seinem realen Gehalt gar leicht verkennt. In Wahrheit sind jedoch die Rechtsformen lediglich die schützende Hülle und Schale der Interessen und Bedürfnisse, oder nach der Formulirung Jherings: das Recht ist «die Form der Sicherung der Lebensbe dingungen der Gesellschaft».¹)*) Das Bedürfnifs der Sicherung dieser Lebensbedingungen hat Recht und Staat geschaffen; das Wachsen, die Wandlungen jenes Bedürfnisses geben dem Recht wie dem Staat einen erweiterten oder veränderten Inhalt. Sobald das Recht des einzelnen Staates nicht mehr ausreicht, um die veränderten Lebensbedingungen der Gesellschaft zu sichern, schafft eben jenes Bedürfnifs, das das staatliche Recht geschaffen, ein Recht, welches die Staatsgrenzen durchbricht und sich so weit erstreckt, wie es die Sicherung dieser veränderten Lebensbedingungen erheischt: das internationale Recht derjenigen Nationen, deren gesicherter Verkehr nunmehr Lebensbedingung der Gesellschaft überhaupt ist, das moderne Völkerrecht.

Diese schöpferische Kraft, welche das Bedürfnifs einer Sicherung der je nach Zeit und Umständen nothwendigen Lebensbedingungen entfaltet, ist eine Naturnothwendigkeit, und daher auch wieder nichts unserem Gegenstande ausschliefslich Eigenthümliches, sondern allen Erscheinungsformen der Natur gemeinsam. Der Naturforscher beobachtet, dafs die Thiere diejenigen Eigenschaften und Formen des Körpers entwickeln, deren sie zur Sicherung ihrer Lebensbedingungen bedürfen; ihre Farbe pafst sich der Umgebung an, in der sie leben müssen, um sie vor Nachstellungen zu schützen; ihre Glieder passen sich den Bedingungen an, unter denen sie ihre Nahrung suchen müssen. Und wie das Bedürfnifs einer Sicherung ihrer je nach Zeit und Umständen verschiedenen Lebensbedingungen den Thieren die entsprechenden physischen Formen schafft, so schafft dasselbe, freilich unendlich komplizirtere Bedürfnifs der menschlichen Gesellschaft die entsprechenden Rechtsformen.

Unendlich komplizirter sind die der Sicherung bedürfenden Lebensbedingungen des homo sapiens, als die der anderen Thiere; unendlich intensiver ist vor Allem auch das Bedürfnifs der Vereinigung, der Vergesellschaftung bei diesem ζῶον πολιτικόν; und gerade dies Bedürfnifs ist eine unversieglich fliefsende Quelle der Rechtserzeugung. Je weiter sich der Mensch über das Niveau des thierischen Lebens erhebt, je höher und reicher sich also die menschliche Kultur entwickelt, desto mannigfaltiger und um-

---

*) Anmerkungen und Exkurse folgen im Anhang.

fassender wird auch jenes Bedürfnifs der Vergesellschaftung, weil die Bedürfnisse, die ohne Vergesellschaftung nicht zu befriedigen sind, mannigfaltiger und umfassender werden. Zuerst mag dem die Familie, die Horde, der Stamm genügen; dann nur das Staatsvolk; endlich nur die Menschheit als Ganzes. Es ist die aufsteigende Entwickelung von niederen zu höheren Wirthschaftsstufen, die die aufsteigende Entwickelung von niederen zu höheren Vergesellschaftungsformen erzwingt, wobei dann auch diese wiederum jene fördert und weiter entwickelt nach dem Gesetz organischer Wechselwirkung. Wie geringer Vergesellschaftung bedarf das wilde Fischer- oder Jägervolk für seinen primitiven Wirthschaftsbetrieb; eine wie geringe ist durch denselben nur ermöglicht; die zur Fortpflanzung nothwendige Vereinigung ist allein ausreichend und möglich. So kennen denn in der That die auf dieser Wirthschaftsstufe stehenden Wilden auch nicht die roheste Form fortschreitender Gesellschaftsbildung, die Sklaverei. Diese erscheint dagegen meist schon auf der nächst höheren Wirthschaftsstufe, der Viehzucht, welche überhaupt weitere Vergesellschaftung erheischt wie ermöglicht; und sodann beim Ackerbau-Volk, dessen Vergesellschaftung bereits in der Form des Staates erscheint. Von der Gebundenheit an die Scholle, welche diese wirthschaftliche Phase mit sich bringt, löst die Handelswirthschaft die Menschen los; indem sie weiterreichende Verbindungen zur Lebensbedingung hat und dieselben ausgestaltet, enthält sie die Keime einer internationalen Rechtsverbindung. Und endlich gipfelt für uns diese Entwickelung in der Industriewirthschaft, welche sämmtliche früheren Stufen voraussetzt und in sich schliefst, und eine Komplizirung zugleich und Ausdehnung des menschlichen Gemeinlebens erheischt, wie solches wiederum nur durch sie ermöglicht wird.

Diese fortschreitende Vergesellschaftung bezeichneten wir als vornehmliche Quelle der Rechtserzeugung. Denn sie erfordert unbedingt eine Normirung der auf einander stofsenden und doch auf einander angewiesenen Willensmächte; und zwar nicht nur der einzelnen Menschen unter sich, sondern ebenso der Einzelnen gegenüber den Gemeinwesen, sowie dieser unter sich und in Anbetracht ihrer mannigfachen Abstufung. Insofern kann man der oben angeführten Definition des Rechtsbegriffs eine andere, nicht minder richtige zur Seite stellen, nach welcher

Recht «die Abgrenzung der Willensmacht der Personen» ist.²) Auch in dieser Fassung charakterisirt sich das Wesen des Rechts als das einer äuſseren Norm, als etwas wesentlich Formales, als die Umschreibung von Grenzen, die einen anders gearteten Inhalt umschlieſsen. Denn der Inhalt der Willensmächte, die das Recht formell abgrenzt, ist nicht rechtlicher Natur. So schlieſsen sich also die beiden Definitionen des Rechtsbegriffs keineswegs gegenseitig aus, ergänzen einander vielmehr, indem «die Abgrenzung der Willensmacht der Personen» eben die rechtliche «Form der Sicherung der Lebensbedingungen der Gesellschaft» bildet. Die fortschreitende Vergesellschaftung der Menschen, welche eine Abgrenzung der verschiedenen Willenssphären durch das Recht nöthig macht, erschien uns oben als Produkt — freilich in organischer Wechselwirkung zugleich auch als Bedingung — des fortschreitenden Wirthschaftslebens. Rechts- und Wirthschaftsleben verhalten sich also zu einander wie Form und Inhalt; erstere ist das Produkt und zugleich auch die Bedingung des letzteren; die Gestaltung des Rechts wird in wesentlichen Beziehungen von den wirthschaftlichen Nothwendigkeiten bestimmt, ist daher ohne intensive Beachtung dieser weder in ihrem Bestande zu begreifen, noch in ihrem Werden und Wachsen zu verstehen. Die Lebensbedingungen der Gesellschaft, welche zu ihrer formellen Sicherung des Rechtes bedürfen, erheischen inhaltlich die Befriedigung wirthschaftlicher Bedürfnisse.

Gegen diese Auffassung ist ein scheinbar gewichtiger und jedenfalls gemüthvoll bestechender Einwand leicht vorherzusehen; man wird ihr den Vorwurf des sogenannten «niedrigen Materialismus», den man heut zu Tage bei passenden und unpassenden Gelegenheiten so gern bejammert, nicht vorenthalten. Wie! Nicht nur wird die heilige Idee des Rechts aus ihrer Wolkenhöhe herabgezogen und in den Dienst der «niedrigen» Tagesbedürfnisse gestellt; — daran ist man ja nachgerade gewöhnt, und in der That läſst es sich kaum vermeiden, wenn man nicht den lieben Gott persönlich bemühen will; — doch auch die menschliche Gesellschaft wird erniedrigt, indem als ihre Lebensbedingung nur die Befriedigung der wirthschaftlichen Bedürfnisse betont wird. Soll sich die menschliche Gesellschaft von der Thierwelt in dieser Hinsicht nur insoweit unterscheiden, als sie für Ernährung und Fortpflanzung des komplizirteren Apparats, genannt Wirthschaftsleben, bedarf? Gehören zu ihren Lebensbedingungen nicht auch «höhere», immaterielle Bedürfnisse? Und wird nicht demgemäfs auch ihre Entwickelung durch die immaterielle Macht der Ideen beeinflufst? Unzweifelhaft gehört zu den Lebensbedingungen der menschlichen Gesellschaft auch die Befriedigung gewisser immaterieller Interessen nächst den materiellen. Jedoch nicht nur sind letztere stets die stärksten und unabweislichsten — gemäfs der einfachen Thatsache, dafs der Mensch leben mufs, um denken und empfinden zu können —, sondern es ergiebt sich hieraus auch, dafs das wirthschaftliche Leben schon an sich bis zu einem gewissen Grade die immateriellen Interessen mit umfafst, dafs jenes gewissermafsen Niederschläge dieser in sich enthält. So findet z. B. das Interesse der Kunst und Wissenschaft seine Sicherung vor Allem darin, dafs die wirthschaftlichen Lebensbedingungen der Künstler und Gelehrten gesichert werden, wie denn auch das Völkerrecht auf diesem Gebiete sich dienstlich erweist, indem es durch Litterarkonventionen und analoge internationale Vereinbarungen vor Allem die wirthschaftlichen Interessen der Verfasser und Erfinder sichert. So ist überhaupt das moderne Recht bei der Ausgestaltung des sogenannten geistigen Eigenthums in seinen verschiedenen Formen lediglich dem Zwange des wirthschaftlichen Bedürfnisses gefolgt, welches die ihm nothwendige Bethätigung geistiger Kräfte nicht durch Brotlosigkeit derselben oder Anweisung auf den Bettel nach Art früherer Zeiten hemmen läfst. So dient in der That das «niedere» Wirthschaftsleben den «höheren» Interessen vielfach besser und sicherer, als schöne Gedanken und begeisterte Worte.

Fern sei es auch, die Macht der Ideen für die fortschreitende Vergesellschaftung der Menschen leugnen oder unterschätzen zu wollen. Die idealen Kräfte des Familiensinns, der Anhänglichkeit an den eigenen Boden, des Nationalgefühls und der Vaterlandsliebe haben an der Entwickelung des modernen Staates ebenso mitgewirkt, wie die Idee der Humanität, der Menschenliebe und der Gemeinsamkeit der grofsen geistigen Kulturinteressen die internationale Gemeinschaft des modernen Völkerrechts fördert. Auch soll die hohe geistige Macht der Rechtsidee an sich, der sittlichen Forderung waltenden Rechts keineswegs verkannt werden. Aber nur eine oberflächliche Beobachtung mag übersehen, dafs diese schönen Blüthen alle, die ihre Farbenpracht im hellen Sonnenlicht entfalten, ihre Existenz doch nur den Wurzeln verdanken, welche tief unten im dunkeln, vielleicht sogar schmutzigen, jedoch fruchtbaren Erdreich des wirthschaftlichen Lebens stecken. Die kulturgeschichtliche Forschung zeigt, dafs Einrichtungen des engsten Familienlebens, die uns lediglich in der Tiefe des Gemüths zu wurzeln scheinen, ihren Ursprung in wirthschaftlichen Bedürfnissen hatten, und die Sprachforschung bestätigt es, wenn sie z. B. im Sanskrit die Wurzeln des Wortes «Mutter» mit der Bedeutung «Ordnerin» oder «Schwester» mit der spezifisch landwirthschaftlichen Bedeutung «Melkerin» findet. Die verschiedenen Formen der Ehe, welche die Religion und Sitte geheiligt, das Recht gesichert hat, gehen in ihren Anfängen nicht minder auf wirthschaftliche Bedürfnisse zurück. Wie ideal verklärt erscheint oft die Liebe des Landvolkes zu seiner Scholle; es ist dieselbe Empfindung, die der Seefahrer für sein Schiff, der Wüstenaraber für sein Kameel hegt, die durch Gewöhnung in Empfindung umgesetzte Erkenntnifs des für ihn entscheidenden wirthschaftlichen Werthes. So erscheinen die immateriellen Interessen überall als Nebenprodukte der materiellen, das seelische Leben als Begleiterscheinung des wirthschaftlichen; was der Dichter vom Kaufmanne sagt: «Güter zu suchen geht er; doch an sein Schiff knüpfet das Gute sich an» — gilt analog für jede wirthschaftliche Thätigkeit; eine jede treibt neben ihren materiellen Früchten, um derentwillen sie existirt, ideelle Blüthen.

Auch in den politischen Gestaltungen neuerer Geschichte sind die wirthschaftlichen Interessen ebenso mafsgebend, wenn sie auch der oberflächlichen, vulgären Betrachtung ebenso häufig entgehen. Welchen gewaltigen Einflufs die religiöse Bewegung der Reformation auf die staatliche Gestaltung der Neuzeit ausgeübt hat, weifs Jeder, nicht so dagegen, welche Bedeutung wirthschaftliche Momente für jene scheinbar ausschliefslich religiöse Bewegung gehabt. In der That jedoch verletzte der Ablafshandel nicht blofs das religiöse Gefühl, sondern auch die wirthschaftliche Vernunft, weil er nebst anderem eine drückende Steuer darstellte, die den fremden Völkern zu Gunsten Roms auferlegt war und sehr beträchtliche Summen für fremde Zwecke aus dem Lande zog. Und wie entscheidend ist es für den Verlauf der Reformation gewesen, dafs nicht nur die Kirchenlehre zu reinigen, sondern vor allem auch die Kirchengüter zu säkularisiren waren. Weit gefährlicher als ihre werkheilige Lehre von der Gnade waren der katholischen Kirche die Reichthümer der todten Hand, welche vor allem in Deutschland der entstehende Territorialstaat, arm wie eine Kirchenmaus, sehr gut gebrauchen konnte. Dieser selbige Territorialstaat verstand es denn auch, trotz des deutschen Nationalgefühls die deutsche Nation politisch völlig zu zerreifsen, indem er sich vor allem wirthschaftlich zusammen- und abschlofs, und den wirthschaftlichen Interessen eine Stütze bot, wie sie das heilige römische Reich deutscher Nation nicht gewähren konnte. Und als nun in unserem Jahrhundert die entgegengesetzte Entwickelung in Flufs kam, da war es wiederum die wirthschaftliche Einheit, die erst der nationalen auf die Beine half; dem deutschen Nationalverein ging der preufsische Zollverein voraus, indem er durch den harten Zwang wirthschaftlicher Nothwendigkeit die widerstrebenden Kleinstaaten unter einen Hut brachte. Wenn noch heute Mafsregeln ergriffen werden, die der Idee der Humanität und Kultur wenig entsprechen, wie die Massenausweisungen Fremder bei uns und anderswo oder die russischen Judenukase, dann kann die Humanität nur ihr Haupt verhüllen und klagen, aber nichts ändern. Sobald jedoch dadurch wirthschaftliche Bedürfnisse tangirt werden, etwa Arbeitermangel in den betroffenen Gegenden eintritt oder der Staatskredit irgendwie zu leiden droht, dann erzwingt sich die wirthschaftliche Nothwendigkeit Abhülfe und leiht der edlen, aber wehrlosen Humanität ihren starken Arm.[3])

So erweisen sich also überall die wirthschaftlichen Bedürfnisse als die eigentliche Quintessenz der Lebensbedingungen der menschlichen Gesellschaft, die Nothwendigkeit ihrer Befriedigung als die eigentlich treibende Kraft auch für die formale Sicherung jener Lebensbedingungen, d. h. für das Recht. Besonders scharf tritt dies in den Anfängen einer neuen Evolution der Rechtsgestaltung hervor, wenn der veränderte, erweiterte Inhalt sich auch eine veränderte, erweiterte Form zu gestalten beginnt. Denn diesem Prozefs setzt die vis inertiae des Bestehenden, das Beharrungsvermögen einen Widerstand entgegen, den nur die zwingende Nothwendigkeit wirthschaftlicher Bedürfnisse zu brechen vermag. Ueberall im Verlauf der Geschichte und in Sonderheit der Rechtsgeschichte sind es nicht die edlen Gefühle und grofsen Gedanken, sondern das eiserne Mufs der Sicherung jener wirthschaftlichen Lebensbedingungen, was «den Widerstand der stumpfen Welt besiegt». Wenn eine weit verbreitete Meinung den Zwang für ein unbedingtes Erfordernifs der Verwirklichung des Rechts und deshalb für ein wesentliches Moment des Rechtsbegriffes erklärt, so stimmt dies zwar mit der hier vorgetragenen Grundansicht überein, ist jedoch insofern irrig, als man dabei ausschliefslich an den äufseren Zwang zu denken pflegt, den die Staatsgewalt dem Rechte leiht, und dabei den begrifflich weit wesentlicheren inneren Zwang der wirthschaftlichen Nothwendigkeit übersieht. Jener äufsere Zwang ist doch aber erst die Wirkung einer weit vorgeschrittenen Organisation, welche die Sicherung ihrer Lebensbedingungen durch ihre eigenen Organe ihrerseits übernommen hat; also nur einem voll entwickelten und ausgereiften Rechtsgebiet eigen, während der innere Zwang des wirthschaftlichen Bedürfnisses jeder Rechtsgestaltung von ihren Uranfängen an innewohnt. Ja, dieser innere Zwang des wirthschaftlichen Bedürfnisses hat jene den äufseren Zwang ausübende Organisation, die doch auch ein Rechtsinstitut ist, seinerseits erst allmählich geschaffen. Der innere wirthschaftliche Zwang verhält sich also zum äufseren staatlichen Zwang bei der Gestaltung des Rechts wie die Ursache zur Wirkung, oder auch — da die staatliche Organisation eine der Rechtsformen zur Sicherung der gesellschaftlichen Lebensbedingungen ist — wie der Inhalt zur Form. Je entwickelter diese Organisation ist, desto mehr tritt naturgemäfs in der unmittelbaren Einwirkung auf das Recht die innere wirthschaftliche Nothwendigkeit hinter der äufseren Zwangsgewalt der organisirten Gemeinschaft zurück; jene bedient sich dieser zur Erreichung ihrer Zwecke; ihre Wirksamkeit wird aus einer direkten mehr und mehr eine indirekte. Daher tritt die dem Rechte immanente Abhängigkeit vom Wirthschaftsleben weit deutlicher, reiner und unmittelbarer in den Anfangsstadien einer Rechtsentwickelung als in ihrem späteren Reifezustand hervor. Das innerstaatliche Recht hat heutigen Tages einen solchen Reifezustand erreicht; es wird durch Organe des Staates in der Gesetzgebung formulirt, in der Rechtsprechung auf den Einzelfall angewendet, in der Vollstreckung zwangsweise verwirklicht.

Demgemäfs tritt der innere Zwang der wirthschaftlichen Bedürfnisse in dieser Sphäre hinter den äufseren Zwang der staatlichen Organisation zurück; seine Einwirkung ist zwar auch hier unzweifelhaft vorhanden, aber sie ist eine mittelbare geworden; das wirthschaftliche Bedürfnifs bedient sich zu seiner Geltendmachung der von ihm hervorgebrachten Organisation. Daher mag hier leicht über der näheren die entferntere, uber der unmittelbaren die mittelbare wirkende Ursache übersehen werden.[1]) Dagegen ist das moderne Völkerrecht in diesen Zustand der Vollreife zur Zeit nicht eingetreten; das internationale Recht besitzt in der internationalen Gemeinschaft keine analoge Organisation, wie das staatliche Recht im Staate. Daher ist die bestimmende Einwirkung der wirthschaftlichen Bedürfnisse auf das Völkerrecht, noch eine unmittelbare und unverhüllte; jener innere Zwang der rechtlichen Sicherung der wirthschaftlichen Lebensbedingungen — beim Mangel des äufseren Zwanges einer Organisation — die einzige und direkt schöpferische Macht. Keineswegs jedoch wird dadurch der spezifisch rechtliche Charakter des Völkerrechts irgendwie zweifelhaft; im Gegentheil erscheint die für alles Recht im letzten Grunde mafsgebende rechtschaffende Kraft des Wirthschaftslebens, welche in dem späteren Entwickelungsstadium der anderen Rechtsgebiete verhüllter und daher schwerer erkennbar ist, beim Völkerrecht in geradezu paradigmatischer Klarheit und Reinheit. Ist für die tiefere wissenschaftliche Erfassung des Rechts überhaupt die ökonomische Betrachtung nothwendig, kann nur sie die Jurisprudenz vor der Erstarrung zu leerem Formelkram bewahren, so bedarf das Völkerrecht sofort und unmittelbar dieser ökonomischen Betrachtung, ist ohne sie völlig haltlos. Das Völkerrecht wurzelt direkt im Wirthschaftsleben.[2])

Bescheidene Anfänge einer Organisation der internationalen Gemeinschaft hat unleugbar das Völkerrecht bereits aufzuweisen. So die internationalen Kommissionen, welche durch gewisse Verträge als Vereinsorgane eingesetzt sind, z. B. die europäische Donaukommission, sowie die internationalen Bureaus und Generalversammlungen der völkerrechtlichen Verwaltungsvereine. Auch die internationalen Schiedsgerichte, die wiederholt theils im Einzelfall vereinbart, theils generell in Staatsverträgen vorgesehen sind, mögen — wenn auch nicht eigentlich als Ausflüsse — so doch immerhin als Surrogate einer Organisation angesehen werden. Um diese schwachen, aber hoffnungsvollen Knospen internationaler Organisation dreht sich nun ein lebhafter Streit zwischen Vertretern und Leugnern des Völkerrechts. Während Letztere aus der unleugbaren Schwäche jener ersten Ansätze einer internationalen Organisation die Berechtigung ihrer Negirung des internationalen Rechts selbst ableiten, wollen die Anderen gerade durch das Vorhandensein jener Ansätze die Existenz des Völkerrechts selbst beweisen. Allerdings beweisen jene Anfänge einer Organisation, so schwach sie sind, dafs die gesellschaftlichen Lebensbedingungen eine formale Sicherung über den Rahmen der staatlichen Organisation hinaus d. h. ein internationales Recht durchaus erheischen und sich demgemäfs auch schaffen, während die Schwäche jener Ansätze weiter gar nichts beweist, als dafs dieses internationale Recht noch nicht zu einer analogen Reife wie das staatliche Recht in der Staatsorganisation gelangt ist, was kein Mensch bestreitet. Und wenn man an diese Anfänge internationaler Organisation einen hoffnungsfrohen Ausblick in die Entwickelung der Zukunft knüpft, so mag man diese stärkende Zuversicht wohl billigen und theilen. Dennoch ist es höchst bedenklich für die Gegenwart, um die es sich doch zuvörderst handelt, den Schwerpunkt bei der Vertheidigung des Völkerrechts auf jene doch noch ziemlich embryonischen Bildungen zu legen. Das heifst Wechsel auf die Zukunft diskontiren. In Wahrheit bilden heute jene Anfänge internationaler Organisation noch die schwächste Seite, durchaus nicht die Stärke des Völkerrechts. Und man leistet demselben einen schlechten Dienst, wenn man, wie es in der einschlägigen Litteratur vielfach geschieht, die Bedeutung des Völkerrechts lediglich an der Bedeutung jener Anfänge mifst, seine Existenzberechtigung lediglich nach der Wirksamkeit von internationalen Schiedsgerichten u. dgl. m. beurtheilt. Alle derartigen Bildungen sind überaus erstrebenswerthe und entwickelungsfähige Blüthen am Baume des Völkerrechts, aber eben seine Blüthen, nicht seine Wurzeln noch sein eigentlicher Stamm. Daher kann man sie nur richtig beurtheilen, wenn man sie als seine vorläufig jüngsten und folglich noch schwächsten Produkte, aber nicht als sein eigentliches Wesen erfafst. Die entgegengesetzte Betrachtung verfahrt ebenso unlogisch wie unpraktisch. Unlogisch, denn der

Apfelbaum ist dies doch nicht deshalb, weil er Aepfel trägt, sondern er trägt Aepfel, weil er ein Apfelbaum ist. Also nicht weil es internationale Organisationen zeitigt, ist das Völkerrecht ein Recht, sondern weil es dies ist, vermag es organisatorisch zu wirken. Nur so beweist auch die Schwäche jener Organisationskeime nichts gegen das Völkerrecht, denn, um im Bilde zu bleiben, wenn die Aepfel den Apfelbaum machten, dann wäre allerdings im ersten Frühjahr der Baum, der erst schwache Keime treibt, noch kein Apfelbaum. So ist also jene Auffassung auch unpraktisch für die Vertheidigung des Völkerrechts. Um so mehr, als gerade im Punkte der internationalen Organisation das Völkerrecht sich naturgemäfs am langsamsten entwickelt, weil es hier den gewaltigsten Widerstand zu überwinden hat. Dieser Widerstand geht aus von der Stärke der modernen staatlichen Organisation, welche einer internationalen desto nachhaltiger widerstrebt, je kräftiger sie selbst ist. Nun beruht aber, wie wir im Folgenden sehen werden, die Entwickelung des modernen Völkerrechts gerade auf der kräftig entwickelten modernen Staatsorganisation, die es um seiner selbst willen gar nicht beseitigen oder schwächen kann. Daher ist hier die Entwickelung nothwendig eine unendlich komplizirte und langsame. Wenn also Existenz und Bedeutung des Völkerrechts lediglich auf die völlige Ausbildung internationaler Organisation angewiesen wäre, dann hätten die Gegner einigermafsen Recht, die das Völkerrecht als Zukunftsmusik, als ein Konglomerat frommer Wünsche und idealistischer Schwärmereien ansehen. In Wahrheit aber erscheint Wesen und Bedeutung des Völkerrechts am sichersten und klarsten, wenn man sich ohne alle Zukunftsschwärmerei nüchtern auf den Boden der Gegenwart, der vor Augen liegenden Thatsachen stellt, die Dinge sieht, wie sie sind, und ihre treibende Wurzel erkennt. Dann findet man, dafs das Völkerrecht seinen Rechtscharakter wie den zu seiner Durchsetzung nöthigen Zwang nicht erst von einer künftigen Organisation von aufsen zu erwarten hat, sondern ihn, wie alles Recht in seinen Anfangsstadien, in sich selbst trägt. Der innere Zwang, die schöpferische Kraft der wirthschaftlichen Nothwendigkeit waltet eben hier noch unmittelbar ohne Dazwischentreten des äufseren Zwanges einer festen Organisation. Das Völkerrecht ist zur Zeit noch das unmittelbare, aber mit wahrem Rechtscharakter ausgestattete Produkt des Wirthschaftslebens.⁶)

Indem man die Bedeutung des immanenten wirthschaftlichen Zwanges übersieht oder unterschätzt, gleichwohl jedoch das Zwangsmoment als erforderlich für den Rechtscharakter des Völkerrechts ansieht, bemüht man sich vielfach, den äufseren Zwang, der in organisirter Form für das Völkerrecht nun einmal nicht vorhanden ist, den man aber doch nicht entbehren zu können glaubt, irgendwie zu ersetzen. So erklärt es sich, dafs die verschiedenen Mittel internationaler Selbsthülfe: Krieg, Retorsion und Repressalien von Manchen als Erscheinungsformen des internationalen Rechtszwanges, als die Erfüllung des vom Begriffe des Rechts geforderten Zwanges zur Durchsetzung des Völkerrechts angesehen werden, d. h. also als völkerrechtliche Surrogate des zur Verwirklichung des innerstaatlichen Rechts geübten organisirten staatlichen Zwanges. Man merkt es dieser gut gemeinten, aber schlecht durchdachten Auffassung auf den ersten Blick an, dafs sie aus der Noth eine Tugend zu machen versucht, indem sie mit tollkühnem Salto mortale der Logik eine Lücke durch eine andere ausfüllt, der in der internationalen Gemeinschaft leider noch vorhandenen unorganisirten Gewalt kurzer Hand die Funktionen der ebenda leider noch nicht vorhandenen organisirten Gewalt zuschreibt.⁷)

Die internationale Selbsthülfe, Retorsion, Repressalien und ihre umfassendste Bethätigung, der Krieg, gehören überhaupt nur nach der negativen Seite hin ins Völkerrecht, insofern hier das Recht d. h. die formale Sicherung der gesellschaftlichen Lebensbedingungen durch Abgrenzung der auf einander treffenden Willensmächte noch nicht so weit ausgebildet ist, um jene Selbsthülfe auszuschliefsen. Alle Normen des Völkerrechts in dieser Hinsicht haben daher auch gerade die Einengung und Beschränkung derselben zum eigentlichen Gegenstand. So ist das sogenannte Kriegsrecht in Wahrheit die Gesammtheit der Regeln, welche das Völkerrecht bisher zur Einschränkung der Kriegführung ausgebildet hat; und in seiner übrigen Anwendung hat der Krieg eine völkerrechtliche Existenz nur in dem negativen Sinne, dafs das Völkerrecht ihn nicht beseitigt hat. Das Gleiche gilt von den partiellen Mitteln der Selbsthülfe: Retorsion und Repressalien. Freilich, eine völlige Beseitigung jeglicher

Selbsthülfe erscheint thatsächlich unmöglich, nicht nur im internationalen, sondern auch im staatlichen Leben. Daher mufs selbst das dem Völkerrecht gegenüber so viel weiter entwickelte innerstaatliche Recht unter gewissen Umständen die Selbsthülfe zulassen; insofern bilden hier scheinbar z. B. Nothwehr und eigenmächtige Pfändung eine Analogie zu Retorsion und Repressalien. Jedoch die äufsere Aehnlichkeit darf nicht über den aus der Natur der beiden Rechtsgebiete fliefsenden wesentlichen Unterschied hinwegtäuschen. Nicht nur sind jene Formen der Selbsthülfe im innerstaatlichen Recht in die denkbar engsten Schranken geprefst und äufserst spezialisirt, sondern vor allem wacht die organisirte Staatsgewalt über die Art ihrer Anwendung; dieselbe unterliegt eventuell der Nachprüfung durch die Staatsorgane, die Gerichte. So ergänzt in der That hier die Selbsthülfe lediglich die zufällig nicht parate Staatshülfe; der sich selbst schützende Einzelne handelt gewissermafsen in Vertretung des Schutzmanns; und so kann hier die von der organisirten Zwangsgewalt kontrolirte, an formelle Garantien gebundene Selbsthülfe wohl als ein aufserordentliches, aushülfsweise zulässiges Zwangsmittel zur Durchsetzung des Rechts anerkannt werden. Sie ist eben dem System des organisirten Zwanges untergeordnet und eingefügt. Hieraus ergiebt sich aber auch sofort, dafs der internationalen Selbsthülfe durchaus keine analoge Funktion zugeschrieben werden kann. Ein System des organisirten Zwanges, dem sie sich unterzuordnen und einzufügen hätte, existirt hier nicht; es fehlt daher an jeder formalen Garantie, dafs die Selbsthülfe der Verwirklichung des Rechts dient; ohne solche Garantie kann aber von einem Rechtszwang keine Rede sein.[*]) So scheitert auch dieser Versuch, dem Völkerrecht einen Apparat äufseren Zwanges seiner Verwirklichung zu geben; was derjenige ruhig eingestehen kann, der die charakteristische Eigenart des gegenwärtigen Entwickelungsstadiums des Völkerrechts darin sieht, dafs dasselbe noch unmittelbar unter der Einwirkung des inneren Zwanges wirthschaftlicher Bedürfnisse steht.

Geht man den Dingen nur ein wenig tiefer nach, so findet man, dafs internationale Selbsthülfe und internationales Recht sogar als Aeufserungen diametral entgegengesetzter Prinzipien einander gegenüberstehen. Denn Krieg, Repressalien und Retorsion, kurz jede Form der unorganisirten Gewalt sind Ausflüsse des Interessengegensatzes, während das internationale Recht — wie alles Recht überhaupt und demgemäfs auch jede rechtliche Organisation — Ausflufs der Interessengemeinschaft ist. Interessengegensatz und Interessengemeinschaft — das sind die beiden Pole, um die sich das Leben der Menschheit, alles wirthschaftliche, politische, rechtliche Wesen, seit Uranfang dreht und in Ewigkeit drehen wird. Schon im rohesten Jugendalter der Menschheit mufs es neben aller Unsicherheit des ewigen Kampfes doch eine Interessengemeinschaft gegeben haben, da das Individuum niemals völlig isolirt bestehen konnte; und der Krieg aller gegen alle, von dem die Staatstheorie eines Hobbes ausgeht, ist deshalb eine unhaltbare Fiktion. Aber ebenso wenig vermag man sich jemals den Interessengegensatz völlig aus dem Leben der Menschheit fortzudenken, wofern man nicht die Phantasie des tausendjährigen Reiches oder die Träumereien Rousseau's vom goldenen Zeitalter des Naturzustandes für lebendige Wirklichkeit hält. Sind demnach beide Prinzipien gleich ewig, ja gleich unentbehrlich für das Leben der Menschheit, so besteht doch aller Fortschritt ihrer gesellschaftlichen Kultur im letzten Grunde darin, dafs sich Schritt vor Schritt die Sphäre der Interessengemeinschaft intensiv und extensiv ausbreitet und die des Interessengegensatzes zurückdrängt. Sie kann sie niemals völlig verdrängen; aber die unaufhörlich wachsende Gemeinschaft der Interessen sowie die steigende Erkenntnifs derselben engt nicht nur das Gebiet der Interessengegensätze ein, sondern zwingt sie vor allem, die Lebensbedingungen der Gemeinschaft zu respektiren. Kulturfortschritt heifst also nichts anderes, als Ausdehnung der Gemeinschaft der Interessen und wachsendes Bewufstwerden derselben unter den Menschen. Dafs diese Interessen wesentlich wirthschaftlicher Art, wurde früher dargethan; Produkt und Ausdruck ihrer Gemeinschaft ist ihre formale Sicherung durch das Recht. «Ubi societas, ibi jus», d. h. jede Gemeinschaft der Menschen erzeugt sich ihr Recht. Eine Gemeinschaft der Menschen entsteht und besteht aber mit und durch die Gemeinschaft wirthschaftlicher Interessen.

Jedes Individuum wird durch die Existenz anderer Individuen einerseits an der ausschliefslichen und grenzenlosen Verfolgung seiner wirthschaftlichen Interessen gehindert, — und steht daher im Gegensatz zu ihnen. Andererseits bedarf jedes Individuum zur Fristung seines Daseins der Hülfe anderer, — und steht daher in Gemeinschaft mit ihnen. Die Form, in der die **feindlichen** Interessen sich gegen einander geltend machen und sichern, ist der **Krieg**, der Kampf zwischen Parteien, die nicht zu einem höheren Ganzen organisirt sind. Die Form, in der die **Gemeinschaft** der Interessen sich geltend macht und sichert, ist das **Recht** und auf einer höheren Entwickelungsstufe die **rechtlich organisirte Gewalt**, welche die Gemeinschaft über ihre hadernden Glieder übt. Denn auch in dem durch Interessengemeinschaft verbundenen Kreise ist der Interessengegensatz nicht ausgerottet, sondern nur zurückgedrängt, den Lebensbedingungen der Gemeinschaft untergeordnet. Ihre Glieder stehen als solche in Interessengemeinschaft, als Individuen nach wie vor im Interessengegensatz. Aber die wirthschaftliche Nothwendigkeit, die dem Einzelnen nur in der Gemeinschaft die Existenzmöglichkeit sichert, zwingt den Gegensatz unter das Recht der Gemeinschaft. Die ursprünglichste, von Natur gegebene Interessengemeinschaft bildet die **Familie**; sie ist die natürliche und wirthschaftliche Bedingung jeder Einzelexistenz, und demgemäfs die Quelle des Rechts und der gesellschaftlichen Organisation d. h. des Staates. Auf ihrer Grundlage entwickelt sich die Horde, der Stamm, das Volk. Für deren Glieder beherrscht die Interessengemeinschaft den Interessengegensatz, das Recht den Kampf. Dagegen kommt nach aufsen nur der Gegensatz zur Geltung; das normale Verhältnifs zu den fremden Stämmen ist der Krieg, der Volksfremde ist der Feind und rechtlos.

Je mehr mit steigender Kultur sich die Bedürfnisse des Daseins steigern, desto gröfser wird der Kreis, dessen Zusammenwirken zur Befriedigung jener Bedürfnisse und damit zur Existenz des Einzelnen nothwendig ist, und dem entsprechend die Sphäre der Interessengemeinschaft. Jedoch mit ihrem äufseren und inneren Wachsthum und der Mannigfaltigkeit ihrer Gestaltungen kompliziren sich auch die Interessengegensätze, die sie umschliefst und zu beherrschen hat. Handelt es sich in dieser Hinsicht bei der Familie nur um den Gegensatz der Individuen, so tritt schon beim Stamm daneben auch noch der Gegensatz der Familien. Und je reicher das menschliche Gemeinleben wird, desto zahlreicher werden innerhalb desselben die wirthschaftlichen

Gegensätze der verschiedenen engeren und weiteren Verbände, der Stände und Klassen der Geburt wie des Berufs, über denen allen die allen gemeinsame wirthschaftliche Nothwendigkeit eine Interessengemeinschaft bildet und ihre formale Sicherung im Recht findet. So kommt es, dafs noch während eines langen Entwickelungsstadiums das auf der Interessengemeinschaft beruhende Recht mit der auf dem Interessengegensatz beruhenden kriegerischen Selbsthülfe zu ringen hat. Der moderne Staat hat dieses Stadium im Wesentlichen hinter sich; das zur entwickelten Organisation vorgeschrittene Recht sichert im Wesentlichen das Uebergewicht der Interessengemeinschaft gegenüber den in ihr enthaltenen Interessengegensätzen, und nur in seltenen, äufsersten Fällen brechen diese noch in kriegerische Selbsthülfe aus: in Revolutionen und Bürgerkriegen. Die moderne internationale Gemeinschaft hat diesen Entwickelungspunkt noch nicht erreicht. Wohl besteht auch schon hier eine Interessengemeinschaft; auf ihr beruht das Völkerrecht. Aber in ihr wirken noch die Interessengegensätze stark genug, um sich daneben in Krieg und anderen Formen der Selbsthülfe geltend zu machen. Allerdings mag auch letztere zur wachsenden Erkenntnifs der Interessengemeinschaft und damit zur Ausbildung des Völkerrechts beitragen, indem sie zeigt, dafs in solchen Fällen immer der allgemeine Schaden den partiellen Nutzen unendlich übersteigt. So wirken ja auch Seuchen fördernd und anregend auf die Hygiene. Aber so wenig man deshalb die Seuchen für hygienische Mittel halten wird, so wenig kann man Krieg, Repressalien u. dgl. für Zwangsmittel des Völkerrechts halten. Vielmehr ist immer wieder die wirthschaftliche Interessengemeinschaft der einzige ihm eigene und zwar immanente Zwang.[9])

Wir haben also heute ein internationales Recht, weil wir ein internationales Wirthschaftsleben haben; die Lebensbedingungen der heutigen Gesellschaft erheischen zu ihrer materiellen Befriedigung die Weltwirthschaft und zu ihrer formalen Sicherung das Völkerrecht; die unendlich vermehrten Bedürfnisse haben eine so unendlich erweiterte Interessengemeinschaft geschaffen, dafs der Krieg nicht mehr das selbstverständliche, dauernde Verhältnifs der Völker zu einander, sondern bereits eine Ausnahme, eine anormale Eruption des Interessengegensatzes bildet; dafs der

Staatsfremde nicht mehr ohne Weiteres als Feind und rechtlos, sondern als Genosse einer internationalen Rechtsgemeinschaft erscheint. Ubi societas, ibi jus; sobald eine Interessengemeinschaft vorhanden ist, formt sie sich ihr Recht. Sobald sie vorhanden ist; aber auch nur dann, wenn sie da ist.

Blicken wir zurück in die Zeiten, welche der heutigen starken Organisation der nationalen Interessengemeinschaft zum modernen Staate vorangegangen sind, so finden wir, dafs noch der Gegensatz der sich mannigfach kreuzenden und befehdenden Sonderinteressen weitaus das herrschende Moment war, d. h. das Fehlen jeder einheitlichen Volks- und Staatswirthschaft und in Folge dessen auch eines einheitlichen Staatsrechts. Nicht nur bildeten die verschiedenen Stände, Bauern und Städte, Ritter und Fürsten, Geistliche und Laien ebenso viele verschiedene Interessengruppen, deren jede sich jeder anderen gegenüber lediglich in feindlichem Gegensatz fühlte, sondern die Zersplitterung ging in Folge der Enge des wirthschaftlichen Lebens noch weiter, indem sich vielfach diese Gruppen noch in kleinere zerspalteten nach lokalem Zusammenhange. Das sogenannte Fehderecht war der Ausdruck des durch Selbsthülfe sich geltend machenden Interessengegensatzes, des Mangels eines auf umfassenderer Interessengemeinschaft beruhenden Rechts. Einzig im Lehnswesen bestand ein, freilich recht loses, Rechtsband im innigen Zusammenhange mit der wesentlichsten Grundlage des damaligen Wirthschaftslebens, der Landwirthschaft. Und gerade diese Wirthschaftsstufe und die ihr entsprechende Naturalwirthschaft ermöglichte und forderte jenes Abschliefsen im kleinsten Kreise. Der Gutshof bildete eine kleine Welt für sich, wirthschaftlich und deshalb auch politisch. Er erzeugte im Wesentlichen Alles, was seine Insassen bedurften. selbst, aber im Wesentlichen auch nur dieses; weder für Absatz noch Bedarf war er auf den «Markt», den Verkehr mit der Aufsenwelt erheblich angewiesen. Also war die Interessengemeinschaft mit der Aufsenwelt eine geringe; der wirthschaftlichen Isolirung entsprach die rechtlich-politische.

An demselben Punkte, an dem eine Wandlung dieser wirthschaftlichen Verhältnisse begann, setzte auch die Veränderung der rechtlich-politischen ein: hinter den Mauern der Städte. Hier ward zuerst die Autarkie, die Selbstgenügsamkeit des Einzelhaushalts von dem volkswirthschaftlichen Prinzip der Arbeits theilung durchbrochen; hier begann der Eine zu produziren, was er nicht selbst brauchte, und dagegen vom Anderen die Befriedigung der Bedürfnisse einzutauschen, welche er nicht durch eigene Produktion deckte. Der Verkehr, der «Markt» beseitigte die Isolirtheit der Einzelwirthschaft; vor der überwiegenden wirthschaftlichen Interessengemeinschaft der Stadtgenossen traten die Interessengegensätze zurück, und auf dieser Grundlage entwickelte sich die rechtliche und politische Einheit der Stadt. **Stadtwirthschaft** und **Stadtrecht** erstanden als Prototypen von **Staatswirthschaft** und **Staatsrecht**; nicht zufällig nimmt das Wort «Bürger» von der Stadt seinen Ausgang; die wirthschaftliche und rechtliche Gemeinschaft des Stadtbürgerthums war die erste Erscheinungsform des modernen Staatsbürgerthums. Die Lebensbedingungen der städtischen Gesellschaft, die nur durch den Verkehr, die Gemeinschaft erfüllt werden konnten, erheischten die formale Sicherung dieses Verkehrs; hier tritt das Recht und die Organisation an die Stelle der Fehde und Selbsthülfe. Der «ewige Landfrieden» blieb noch lange ein frommer Wunsch, nachdem der ewige Stadtfrieden bereits eine Thatsache war.[10])

Der Zusammenschluſs der städtischen Genossenschaft zu einer wirthschaftlichen und rechtlich-politischen Gemeinschaft äuſserte sich naturgemäſs zunächst in einer nur um so strengeren Abschlieſsung nach auſsen; das Weichbild sonderte die Oase wirthschaftlichen Verkehrs und friedlichen Rechts drinnen von dem wüsten Chaos drauſsen. Und die Stadtwirthschaft wuſste diese Grenze zu Gunsten ihres Säckels auszunutzen so gut und besser, wie später die Staatswirthschaft ihre Zollgrenzen. Je mehr aber das wirthschaftliche Leben der umfriedeten Gemeinschaft sich entwickelte, desto unzulänglicher ward ihm der enge Kreis, der ihm nicht mehr Absatz aller seiner Produkte, nicht mehr Befriedigung aller seiner Bedürfnisse bot. Der Verkehr steigert sich zum Handel, und damit erweitert sich gewaltig das Gebiet der Interessengemeinschaft und folglich der rechtlich-politischen Verbindungen. Der «gemeine deutsche Kaufmann» trägt den Handel und das Recht der Hansa über Länder und Meere; die deutschen und italienischen Stadtstaaten blühen zu Handelsmächten empor.

Diese Verhältnisse bedingen hier, während das flache Land noch lange im Stadium der Naturalwirthschaft verharrt und sie auch dann nur sehr allmählich abstreift, einen verhältnifsmäſsig raschen Uebergang zur Geldwirthschaft. Dadurch erlangen die finanziellen Verhältnisse einen Einflufs auch auf die internationale Politik, der uns schon recht modern anmuthet. So erzählt Macchiavelli, wie Cosimo von Medici die gegen Florenz verbündeten Staaten Venedig und Neapel durch umfangreiche Kreditoperationen aufs Trockene setzte und so durch unblutigen Kampf zum Frieden zwang. Die Vollendung der Geldwirthschaft wird ermöglicht durch den gewaltigen Zuflufs von Edelmetallen, den die Erschliefsung und Ausbeutung der neuen Welt eröffnet. Und welche Erweiterung die Idee einer Interessengemeinschaft durch diesen wirthschaftlichen Prozefs erfuhr, das zeigt eine Schrift Gaspare Scaruffi's aus dem Jahre 1582: «Discorso sopra la moneta e della vera proporzione dell' oro e dell' argento». Mit der Ausbildung der Geldwirthschaft erscheint also schon vor drei Jahrhunderten die Frage des Bimetallismus und der Wahn, dafs es ein «wirkliches», d. h. von Rechtswegen unveränderliches Werthverhältnifs zwischen Gold und Silber geben müsse, zugleich aber auch die Erkenntnifs, dafs dies nur durch eine auf der internationalen Interessengemeinschaft beruhende Uebereinkunft zu verwirklichen wäre. Denn ganz folgerichtig fordert Scaruffi die Errichtung einer gemeinsamen Münzanstalt für Europa. So antezipirt das aufleuchtende Bewufstsein gemeinschaftlicher Wirthschaftsinteressen des zur Geldwirthschaft heranreifenden Europas eine Forderung, deren Erfüllung höchstens auf Grund des heutigen Völkerrechts denkbar wäre.

Um Währungsfragen drehten sich in demselben Zeitalter, durch dieselbe ökonomische Evolution veranlafst, auch in Deutschland die Anfänge einer volkswirthschaftlichen Litteratur. Jedoch nicht im Sinne des europäischen Gesammtinteresses, sondern des Interesses der fürstlichen Kammer, des entstehenden Territorialstaates.[1]) Und freilich, durch die harte Schule dieser Bildungsform des wirthschaftlich isolirten und politisch absoluten Staates mufsten die Völker Europas hindurch, ehe sie auf ihre heutige Stufe gelangen konnten. Der absolute und isolirte Staat fügte das feudale Chaos der Interessengegensätze kleinster Gruppen zu einer gröfseren Einheit zusammen, die zuerst Stadt und Land vereinigte. Wie früher die Stadt, so mufste jetzt der Staat den Zusammenschlufs im Innern durch den Abschlufs nach Aufsen fördern: wirthschaftlich wie rechtlich-politisch.

Er brach die Autarkie, die wirthschaftliche und rechtliche Selbständigkeit der Feudalherren, und es ist bemerkenswerth, wie er unter Anderem eine wirthschaftliche Interessengemeinschaft zwischen Stadt und Land herzustellen suchte, indem er dieselben gegenseitig zur Befriedigung ihrer Bedürfnisse aufeinander anwies. Dafs die Stadt der landwirthschaftlichen Produkte des flachen Landes bedurfte, war natürlich; aber auch umgekehrt suchte der absolute Staat das Land mit der Stadt dadurch wirthschaftlich zu verknüpfen, dafs er gewisse Gewerbe und Handwerke, deren das Land bedurfte, nur in der Stadt zu betreiben erlaubte. Der Verkehr, der «Markt» ward aus einem städtischen ein staatlicher, in national geeinten Ländern, wie England und Frankreich, ein nationaler; die staatliche Interessengemeinschaft drängte die feudalen Interessengegensätze zurück; auf ihrem Boden erwuchs das staatliche Recht und die Staatsorganisation.

Die entstehende Staatswirthschaft bedarf des Gegensatzes zu allen weltwirthschaftlichen Tendenzen, wie der entstehende Staat des Gegensatzes zu allen kosmopolitischen Ideen. Wieder wie in den Anfängen nationalen Bewufstseins erscheint in diesen Anfängen des staatlichen Selbstgefühls das Fremde als das Feindliche. Mit Nachdruck wird die Interessengemeinschaft auf die Glieder des isolirten Staates beschränkt, dem Auslande gegenüber der Interessengegensatz betont. Daher keine wirthschaftliche Internationalität und demgemäfs kein internationales Recht. In Prohibition und Protektion findet die Idee des Merkantilismus ihren Ausdruck, nach der jeder fremde Nutzen eigener Schaden ist und umgekehrt. Ihre Lehre von der «günstigen Handelsbilance» ist lediglich ein Ausflufs dieser Anschauung des nationalen Interessengegensatzes in Verbindung mit einer Ueberschätzung des baaren Geldes, die sich aus der verhältnifsmäfsigen Neuheit der Geldwirthschaft erklärt. Jede Ausgleichung der nationalen Interessengegensätze durch Aufsuchung und Förderung der Gemeinschaft prinzipiell ablehnend, greift diese Richtung vielmehr zum Verbot jeder Einfuhr von Gegenständen, an deren Absatz das Ausland ein Interesse hat, und jeder Ausfuhr von solchen, deren Erwerb jenem nützen könnte. Und man lafst sich dieses Verbot höchstens abkaufen durch hohe Zölle, deren die junge Staatswirthschaft dringend bedarf. Dem entspricht eine engherzige Kolonial- und Monopolpolitik, die das Ausland ängstlich von allen Vortheilen des Seehandels und der Schifffahrt auszuschliefsen sucht. In dieser Hinsicht bildet den monumentalsten Ausdruck der ganzen Richtung die englische Navigationsakte, die Cromwell 1651 schuf und das restaurirte Königthum in seinen ersten Regierungsjahren zu erneuern eilte. Danach war aufser der gesammten Küstenschifffahrt auch der gesammte überseeische Import für englische Schiffe monopolisirt, und selbst aus europäischen Ländern durften Waaren, aufser auf Schiffen des Ursprungslandes, nur auf englischen eingeführt werden, wobei jenen noch ein besonderer Zoll (alien duty) auferlegt war. Ein schrofferer Ausdruck des internationalen Interessengegensatzes und demgemäfs des permanenten wirthschaftlichen Kriegszustandes läfst sich füglich nicht denken, und man sieht gerade hier, welche Hindernisse die Entwickelung des modernen Völkerrechts zu beseitigen hatte.

Jede äufserste Durchführung eines einseitigen Prinzips, so fördersam oder gar nothwendig sie zu ihrer Zeit sein mag, trägt die Keime ihres Umschlags, ihrer Katastrophe im Wortsinne in sich selbst. So auch dieses Zeitalter des Merkantilismus, der staatlichen Absperrung und schroffen Interessengegensätze. Jene englische Navigationsakte, der Typus damaliger Wirthschaftspolitik, richtete ihre Spitze vor allem gegen Holland; und dieses Land war in der That die Heimath des entgegengesetzten Prinzips, praktisch wie theoretisch. Wohl bei keinem anderen Lande stand jemals die Weltstellung in solchem Mifsverhältnifs zur Gröfse des Landes und zur Zahl seiner Bewohner, wie bei den Niederlanden zur Zeit ihrer Blüthe. Das kleine Territorium, das trotz seiner dichten Bevölkerung doch nur ein relativ kleines Volk tragen konnte, war die Basis der gröfsten Wirthschaftsmacht der Welt und einer politischen Grofsmacht. Es war aber auch in der That nur das Hauptkontor und der Stapelplatz einer die Erde umfassenden Handelsthätigkeit. Colbert, der grofse Merkantilist, entrüstete sich national, wenn er berechnete, dafs von den 20 000 Schiffen, die den Welthandel besorgten, etwa 15—16 000 holländische waren gegenüber 5—600 französischen. Diesem Handelsvolke mufste sich die Erkenntnifs von selbst aufdrängen, dafs der Satz: «der Nutzen des Einen ist des Anderen Schaden» denn doch keine so zweifellose wirthschaftliche Wahrseit sei, wie die Merkantilisten meinten. Die Holländer sahen, dafs fremde Völker um des eigenen Nutzens willen mit ihnen Handel trieben, und dafs auch sie ihrerseits sich gut dabei standen. So kamen sie zu der Einsicht, «dass bei Kauf und Verkauf in der Regel beide Kontrahenten gewinnen», dafs der freie Handel von Volk zu Volk in Wahrheit Allen zu Gute komme; so lehren sie den Segen der freien Konkurrenz, der «*ἀγαθή ἔρις*», und fordern, dafs man durch Handelsverträge eine gegenseitige Freiheit der Schifffahrt, des Handels und der Häfen sichere.[12]) Diesem Volke, dessen Wohlstand und Gröfse auf dem Weltverkehr beruht, geht zuerst die Erkenntnifs einer internationalen wirthschaftlichen Interessengemeinschaft auf, und: «ubi societas, ibi jus», hier ersteht der Vater des Völkerrechts, Hugo de Groot.

Hugo Grotius zeigte sich als guter Holländer, wenn er im Interesse der seinem Vaterlande naturnothwendigen Freihandelspolitik das engherzige Absperrungssystem der konkurrirenden Seemächte, besonders Portugals, durch seine Lehre vom mare liberum, der internationalen Freiheit des Seehandels, bekämpfte. Aber er gab dieser ganzen Richtung eine breite theoretische Grundlage, indem er die Disziplin des jus naturae et gentium begründete, die, von seinen wissenschaftlichen Schülern und Nachfolgern ausgebaut, durch zwei Jahrhunderte das politische Denken beherrschte. Hatte diese Anschauung ihre ersten Wurzeln in den wirthschaftlichen Lebensbedingungen eines Welthandelsvolks, so erweiterte sich das Natur- und Völkerrecht zu einer geistigen Reaktion wider das ganze System des wirthschaftlich isolirten und politisch absoluten Staates. Gegenüber der engherzigen Betonung der staatlichen Interessengegensätze geht man zurück auf die natürliche Gemeinschaft des Menschengeschlechts; gegenüber der Allmacht des absoluten Staatswillens sucht man den tieferen Grund für Recht und Staat in der Menschennatur. Aus ihr fliefst alles Recht; ihr appetitus societatis, ihr Geselligkeitstrieb läfst durch die Willenseinigung der Einzelnen, durch Vertrag den Staat erst entstehen. Daher ist dieses Recht im letzten Grunde unabhängig von der Existenz der einzelnen, konkreten Staatsgewalt, die von ihm durch die Staatsgrundverträge erst geschaffen worden; es ist ein Naturrecht. Und eben deshalb ist es nicht gebunden an die engen

Grenzen des einzelnen Staates, da es von Natur allen Menschen gemeinsam ist; es ist ein Völkerrecht. Jean Jacques Rousseau ist der politisch radikalste Vertreter dieser Richtung, aber auch der für ihre Propaganda wirksamste. Seine leidenschaftsheifse Schwärmerei für die Glückseligkeit des Naturzustandes erobert die Herzen aller Kulturmenschen, obwohl er gerade diese Kultur verdammt als die Quelle aller Uebel.[13]) Und auch in der Betrachtung des Wirthschaftslebens findet diese Richtung ihren Ausdruck in der Physiokratie, der Lehre von der «constitution naturelle du gouvernement le plus avantageux au genre humain».

Wohl liegt in alledem ein tief berechtigter Protest des menschlichen Gemeingefuhls gegen das Prinzip der Abschliefsung und des unaufhörlichen Kampfes; aber, wie so oft, ward dabei ein Extrem an die Stelle des anderen gesetzt und — les extrêmes se touchent! Ein vager Kosmopolitismus verkannte die wahren Grundlagen alles Gemeinlebens, also auch des internationalen, die stufenweis aufsteigende Organisation; und eine unwahre Naturschwärmerei verleugnete die einzige Macht, welche das Bestehende zu bessern und umzugestalten vermochte, die unerschöpfte Triebkraft der Kultur; in ihrer Verwerfung, also im krassesten Rückschritt redete man sich ein den Fortschritt zu sehen. So kam man denn auch glücklich entweder beim Despotismus der russischen Katharina als Staatsideal an oder bei den primitiven kleinen Bauerngemeinden als einzigen Unterabtheilungen der Menschheit. Aber durch alle Wahngebilde hindurch kam doch das allgemeine Empfinden zum Ausdruck, dafs das Alte sich überlebt habe, die so ängstlich gehüteten Grenzen zu eng geworden, eine erweiterte Interessengemeinschaft Leben und Form zu gewinnen suche, wirthschaftlich und politisch. Der isolirte Staat genügte so wenig mehr den wirthschaftlichen Anforderungen, wie der absolute Staat den rechtlichen. Aber hier wie dort zunächst noch unklare Gährung. Nur ein Land Europas war den übrigen weit voraus in wirthschaftlicher Entwickelung wie in der Gestaltung seines öffentlichen Rechts; hier in England umnebeln daher weit weniger gestaltlose Schwärmereien die nüchtern praktische Erkenntnifs der sich geltend machenden Interessengemeinschaft der Nationen, und so entwirft hier Adam Smith sein klassisches System einer Volkswirthschaft im lebendigen Zusammenhange der internationalen Gemeinschaft, der Weltwirthschaft. Der Sturm der grofsen Revolution fegte auf dem Kontinent vieles fort von den morschen Resten, welche den Neubildungen einer veränderten Zeit gegenüberstanden. Aber wirthschaftlich wie rechtlich-politisch wirkte sie vornehmlich negativ, mehr durch Beseitigung der Hindernisse als durch dauernde positive Gestaltungen. Auch ihr grofser Sohn und Erbe Napoleon rüttelte wohl durch seine Eroberungspolitik die Staaten und Völker gewaltig auf und durcheinander; jedoch ein dauernder Fortschritt internationaler Gemeinschaft lag nicht auf dem Wege dieser kriegerischen Expansion, die schliefslich doch nur auf eine Universal-Militärdiktatur hinauslaufen konnte. Sie war kein Ausdruck internationaler Interessengemeinschaft, sondern die gewaltsame Unterjochung fremder nationaler Kräfte unter die Sonderinteressen Frankreichs und seines Imperators. Immerhin darf aber auch die grofse negative Wirksamkeit dieser Epoche nicht verkannt werden; sie hat auf vielen Gebieten die Trägheitskraft der Stagnation gebrochen und veraltete Bildungen, die nicht leben, nicht sterben konnten, endgültig über den Haufen geworfen. Ja, es ist ihr — freilich negatives — Verdienst, dafs durch den gemeinsamen Gegensatz gegen sie die Erkenntnifs einer Solidarität der Staaten und Völker zum Durchbruch kam. Deren Ausdruck war, nachdem sich die Hochfluth verlaufen, der grofse, gesammteuropäische Wiener Kongrefs; er bezeichnet den Beginn einer neuen Aera des modernen Völkerrechts. Wohl mag man in der Politik unter gar manchen Gesichtspunkten nur mit sehr gemischten Gefühlen an den Wiener Kongrefs denken, und zahllose Flüche der nach Einheit und Freiheit ringenden Völker haben sich an seinen Namen geheftet; auch hat er zweifellos vielfach höchst verfehlte Wege eingeschlagen und ist zu verwerflichen Zwecken mifsbraucht worden. Jedoch bei alledem darf man seine eminente Bedeutung für die Entwickelung der europäischen Staatengesellschaft nicht unterschätzen. In ihm kommt zum ersten Male das Ueberwiegen einer gesammteuropäischen Interessengemeinschaft gegenüber der staatlichen Isolirung zu monumentaler und unvertilgbarer Erscheinung. Die Zusammensetzung und Gestaltung aller einzelnen Staaten erscheint hier als eine Frage nicht der Einzelinteressen, sondern des solidarischen Interesses aller; über allen Reichen und Staaten ersteht zuerst hier der Gesammtbegriff Europa. So schwere und verhängnifsvolle Mifsgriffe dabei begangen worden, die zu Grunde liegende Idee verliert dadurch nichts von ihrer bahnbrechenden Bedeutung. Und wieder war die wirthschaftliche Nothwendigkeit bei alledem die treibende und zwingende Kraft. «Ruhe um jeden Preis», im Innern wie nach aufsen, dieses einzige Prinzip der ganzen späteren Politik Metternich's und der heiligen Alliance, welches als solches durch die Art seiner Verfolgung den nur allzu berechtigten Hafs Unzähliger erregt hat; dieses Streben nach Herstellung der Ruhe um jeden Preis war doch auch das Leitmotiv aller Arbeit des Wiener Kongresses, das bestimmende Moment all' seiner staats- und völkerrechtlichen Festsetzungen; und es war das unabweisliche Postulat wirthschaftlicher Nothwendigkeit. Nach 25 Jahren unaufhörlicher Unruhen und Kriege bedurfte das Wirthschaftsleben aller Völker Europas in der That der Ruhe und des Friedens, um alle Kraft der ökonomischen Wiederherstellung und Fortbildung widmen zu können. Das war der Krystallisationskern einer internationalen Interessengemeinschaft, die bis zu einem gewissen Grade die Interessengegensätze zurückdrängte; auf dieser Grundlage erwuchs naturgemäfs die intensivere Ausgestaltung des internationalen Rechts. Gerade diejenigen völkerrechtlichen Anregungen des Wiener Kongresses, welche am unmittelbarsten mit solchen wirthschaftlichen Gemeininteressen zusammenhängen, wie die Anbahnung freier Binnenschifffahrt u. dgl. haben sich auch als die fruchtbarsten und dauerndsten erwiesen. Im übrigen beging er in der Wahl der Mittel zu seinem Ziel manche verderblichen Mifsgriffe, was sich denn auch durch gewaltsame Reaktionen rächte; dafs aber trotz aller Durchbrechungen jenes politische System im wesentlichen ein volles Menschenalter hindurch die Herrschaft bewahren konnte, erklärt sich durch die wirthschaftliche Nothwendigkeit seines Grundprinzips der Ruhe.

Gewaltig hat sich in dieser Zeit das wirthschaftliche Leben entfaltet; unendlich gesteigert haben sich die Bedürfnisse wie die Mittel ihrer Befriedigung. Es giebt ein charakteristisches — freilich auch das glänzendste — Bild davon, wenn wir sehen, dafs in dem wirthschaftlich führenden Lande, in England, in der

Zeit von 1815—1849 sich die Bevölkerung um 47%, zugleich aber auch der Werth der Ausfuhr um 63%, der des unbeweglichen Vermögens um 78%, der des beweglichen vollends um 93% gesteigert hatte. Fast jedes Jahrzehnt unseres Jahrhunderts schafft neue Mittel oder Wege der Produktion wie des Verkehrs, und damit fortschreitende Erweiterung der wirthschaftlichen Interessengemeinschaft aller Nationen. Mögen auch noch immer wieder die Interessengegensätze von Zeit zu Zeit hervorbrechen, die gewaltigen Faktoren der Gemeinschaft können sie nicht mehr beseitigen. Ueber den Staatswirthschaften wölbt sich unzerstörbar die Weltwirthschaft, und diese ist es, deren Lebensbedingungen mit zwingender Kraft sich ein Völkerrecht schaffen von weit realerer Bedeutung als die Postulate des alten jus naturae et gentium, dem im Zeitalter der isolirten Staaten eben noch keine entwickelte Weltwirthschaft entsprach. Heute, da die wirthschaftlichen Lebensbedingungen der Gesellschaft in zahllosen Punkten international-gemeinsame sind, da z. B. von dem Ausfall der Ernte in Indien oder Amerika die Preisbildung in ganz Europa beeinflufst, von einem Krach in Argentinien die Finanzlage der ganzen Erde mehr oder weniger in Mitleidenschaft gezogen wird, heute kann die formale Sicherung jener Lebensbedingungen durch das Recht unmöglich an den Staatsgrenzen völlig Halt machen. Wie der städtische Markt als Mittelpunkt der Stadtwirthschaft ein Stadtrecht, der staatliche Markt als Mittelpunkt der Staatswirthschaft ein staatliches Recht erzeugt hatte, so erzeugt der Weltmarkt als Mittelpunkt der internationalen Wirthschaft ein internationales Recht, das Völkerrecht.

Dieser real-praktische Nährboden des heutigen Völkerrechts bewahrt es zugleich vor den kosmopolitischen Phantastereien und Verschwommenheiten, in welche das alte Naturrecht zur Zeit wirthschaftlicher und politischer Unreife so leicht verfiel. Weltwirthschaft bedeutet keine Negation der einzelnen Staats- und Volkswirthschaft, sondern lediglich die Zusammenfassung des Gemeinsamen, unterhalb dessen noch Raum genug für das Besondere bleibt; die wirthschaftliche Interessengemeinschaft kann und will die Interessengegensätze nicht fortwischen, sondern nur eindämmen. Und ebenso sieht das heutige Völkerrecht seine Aufgabe nicht in der Atomisirung der Menschheit; keineswegs ist es sein Ideal, den gewaltigen Fortschritt menschlicher Vergesellschaftung, der sich in der starken Organisation der modernen Staaten ausspricht, irgendwie rückgängig zu machen oder zu schwächen. Vielmehr erkennen wir in dieser Staatsorganisation die feste und unentbehrliche Grundlage, die naturnothwendige organische Gliederung der internationalen Gemeinschaft und damit die condicio sine qua non des Völkerrechts. Dieses erfaßt die Menschen nicht als eine unorganisirte, unterschiedslose Masse von Atomen, von Individuen, sondern in ihrer staatlichen Organisation und Verschiedenheit. Es baut sich gerade auf der Voraussetzung dieser zur Zeit höchsten Organisationen der menschlichen Gemeinschaft auf; es ist die rechtliche Form zur Sicherung derjenigen Lebensbedingungen der staatlich organisirten Gesellschaft, welche zu ihrer materiellen Befriedigung der Weltwirthschaft bedürfen.

Als Quellen des heutigen Völkerrechts werden von der Wissenschaft gemeinhin Herkommen und Vertrag bezeichnet.[11]) Jedoch wird gegen die Anerkennung des letzteren vielfach eingewendet, daß der Vertrag als Rechtsgeschäft die Existenz des Rechts selbst bereits voraussetze, also füglich nicht Quelle des Rechts sein könne. Es ist dasselbe Argument, welches der Lehre des alten Naturrrechts vom Staatsgrundvertrage entgegensteht. Gewiß, das Recht selbst kann niemals durch einen Vertrag aus dem Nichts geschaffen werden, denn dieser Vertrag selbst schöpft seine bindende Kraft zunächst — d. h. beim Mangel jeder Organisation des äußeren Zwanges — lediglich aus der Interessengemeinschaft; und deren innerlich wirkender Zwang ist im letzten Grunde der einzige Schöpfer alles Rechts. Ubi societas, ibi jus; die Interessengemeinschaft ist die erste Quelle des Rechts. Das ist früher ausführlich erörtert worden. Aber die primitivste und natürlichste Art der Formulirung, der konkreten Festsetzung, der Positivirung dieses durch die Gemeinschaft entstehenden und in ihr lebenden Rechts ist allerdings der Vertrag. Und er ist die einzige Form der ausdrücklichen Satzung des Rechts, solange die Gemeinschaft noch nicht bis zur Organisirung einer gesetzgebenden Gewalt fortgeschritten ist. Eine Abgrenzung der Willensmacht der Personen, d. h. ein Recht wird durch die Gemeinschaft zur formalen Sicherung ihrer Lebensbedingungen erzeugt; bevor jedoch jene Abgrenzung durch eine höhere, organisirte Einheit in der Form des Gesetzes im einzelnen vorgenommen wird, bietet sich als natürliche Form der ausdrücklichen gegenseitigen Abgrenzung die durch die innere, wirthschaftliche Nothwendigkeit erzwungene Willenseinigung, d. h. der Vertrag. Insoweit liegt auch den Lehren des alten Naturrechts von den Gesellschaftsverträgen ein richtiges Gefühl zu Grunde, wenn es auch in der Einzelausführung übertrieben und verzerrt worden. So erscheinen auch Anfänge des staatlichen Rechts meist in die Vertragsform gekleidet, wie all' die zahllosen «Einungen» und der berühmteste derartiger Akte: die englische Magna Charta, in der man den Grundstein konstitutionellen Staatsrechts zu sehen pflegt. Noch heute wirkt ein Nachklang solcher Anschauung im Staatsrecht fort, wenn die Vereidigung auf die Verfassung gleichsam als feierlichste Bekräftigung eines Vertrages zwischen Fürst und Volk gefordert wird. Das Völkerrecht nun befindet sich noch völlig in jenem Stadium, dem die Organisation einer gesetzgebenden Gewalt mangelt; die Form seiner Positivirung durch Gesetze, welche von einer höheren, über den einzelnen Staaten stehenden Einheit erlassen würden, ist also ausgeschlossen, und daher ist der **internationale Vertrag** die einzige Form seiner ausdrücklichen Satzung. Freilich nicht seine eigentliche Quelle; diese ist vielmehr die wirthschaftliche Interessengemeinschaft der Völker und Staaten, die eine formale Sicherung durch Abgrenzung ihrer Willensmächte erheischt und schafft. Ihre **ausdrückliche Festsetzung** kann aber diese Abgrenzung nur erhalten durch die **Willenseinigung** der ihrer wirthschaftlichen und demgemäfs auch rechtlichen Gemeinschaft bewufst gewordenen Staaten, d. h. durch den **Staatsvertrag**. Entsprechend dem jugendlichen Entwickelungsstadium des Völkerrechts sind also die internationalen Staatsverträge wesentliche Erscheinungsformen desselben.[13])

Daneben giebt es ein weites und wichtiges Gebiet völkerrechtlicher Normen, welche nicht in Verträgen ausdrücklich fixirt sind, und einer solchen Festsetzung vielfach gar nicht mehr bedürfen. Hier zeigt sich völlig unmittelbar die rechtschaffende Wirksamkeit der wirthschaftlichen Interessengemeinschaft. Was man gemeinhin unter den Begriff des internationalen Herkommens zusammenfafst, vor Allem gewisse Normen und Formen des Staatenverkehrs u. dgl. m., gehört allerdings auch in diese

Kategorie, erschöpft ihren Inhalt aber keineswegs, und führt daher leicht zu einer Unterschätzung dieser bedeutungsvollen Erscheinungen. Ist das Völkerrecht — nach meiner obigen Formulirung — die rechtliche Form zur Sicherung derjenigen Lebensbedingungen der staatlich organisirten Gesellschaft, welche zu ihrer materiellen Befriedigung der Weltwirthschaft bedürfen, so ergeben sich daraus alle Konsequenzen, welche überhaupt aus einem Verhältnisse fliefsen, wonach der Einzelne durch die zwingende Kraft seiner eigenen Interessen auf die Zugehörigkeit zu einer gröfseren Gemeinschaft angewiesen ist. Da entwickelt sich neben dem ausdrücklich formulirten Recht ein stillschweigend anerkanntes, dessen Kern die bindende Wirksamkeit von Treu und Glauben bildet. Im kaufmännischen Verkehr, an den Börsen im Besonderen hat das blofse Wort eine rechtliche Bindekraft, üben Treu und Glauben einen wirklichen Rechtszwang aus, wie man es aufserhalb jener Gemeinschaft nicht kennt. Das beruht nicht auf einem ausnahmsweisen moralischen Feingefühl jener Kreise, sondern auf dem zwingenden wirthschaftlichen Bedürfnifs, welches die Befriedigung der Einzelinteressen nur innerhalb der Gemeinschaft ermöglicht und folglich die Respektirung von Treu und Glauben als Sicherung der Interessengemeinschaft ohne Weiteres erzwingt. Ganz analog verhält sich die Sache in der internationalen Staatengemeinschaft. Je mehr mit den steigenden Bedürfnissen jeder einzelne Staat zur Befriedigung der Lebensbedingungen seiner Gesellschaft auf den Weltverkehr angewiesen ist, und je stärker demgemäfs das Bewufstsein internationaler Interessengemeinschaft wird, desto unentbehrlicher ist für die Interessen jedes Staates seine Zugehörigkeit zur internationalen Gemeinschaft, und desto zwingender wirkt für ihn die Respektirung von Treu und Glauben, auf welcher jene Gemeinschaft beruht. Hierin liegt vor Allem der innerliche, wirthschaftliche Zwang, der — in Ermangelung eines äufseren organisirten Zwanges — die Rechtskraft der internationalen Staatsverträge garantirt. Der sogenannte moralische Einflufs der internationalen öffentlichen Meinung geht ja in Wahrheit schliefslich auch nur auf diesen Zwang der in eigenem Interesse nothwendigen Unterordnung unter die Interessengemeinschaft zurück. Im Besonderen ist es ein Punkt, in welchem die moderne Staatswirthschaft ganz ebenso auf die Weltwirthschaft angewiesen ist, wie der Kaufmann auf die Gemeinschaft seiner Genossen: der dem modernen Staate unentbehrliche internationale Kredit; dieser wurzelt aber durchaus, wie schon das Wort andeutet, in Treu und Glauben der Gemeinschaft. Und die moderne Gestaltung des Staatskredits, welche die Befriedigung desselben mit dem internationalen Handel und seinen Centralen, Börsen und Banken, verbindet, läfst diese als ungemein wirksame Garanten der internationalen Interessengemeinschaft und des daraus fliefsenden Völkerrechts erscheinen.

Diese Wirksamkeit erschöpft sich nun keineswegs in dem innerlichen, wirthschaftlichen Zwang zur Respektirung des in den Staatsverträgen ausdrücklich fixirten internationalen Rechts, sondern erzeugt unmittelbar Normen, welche mit gleichem Zwang als positives Völkerrecht wirken, ohne dafs sie in Verträgen ausdrücklich stipulirt sind. Ein Beispiel möge dies veranschaulichen, welches ganz direkt mit den eben berührten Verhältnissen zusammenhängt und zugleich an früher Erörtertes anknüpft. Wir haben oben die Beziehungen zwischen der entstehenden Staatswirthschaft und dem Uebergange von der Natural- zur Geldwirthschaft erwähnt, sowie die Thatsache, dafs die Münzfrage einer der am frühesten behandelten Gegenstände der nationalökonomischen Litteratur war. Der ausschlaggebende Gesichtspunkt war im Zeitalter des isolirten Staates naturgemäfs das Sonderinteresse des einzelnen Staates und der Interessengegensatz zum Auslande. Und wenn es auch schon damals nicht an Stimmen fehlte, welche die Unterordnung unter die Interessengemeinschaft, d. h. eine korrekte und ehrliche Münzpolitik als beste Förderung auch des eigenen Interesses empfahlen, so fehlte denselben doch der Rückhalt an dem Zwange der noch unentwickelten Weltwirthschaft. Daher benutzte der absolute und isolirte Staat ziemlich bis zu seinem seligen Ende als überaus beliebtes Mittel zur Abhülfe in finanziellen Nöthen die Münzverschlechterung. Das edle Handwerk des Wippens und Kippens galt als nutzbares Staatsregal. Moralisch betrachtet hielt man dies freilich schon damals nicht für übermäfsig anständig; aber über solche Skrupel setzt sich ja in der Noth die Politik stets hinweg: salus reipublicae suprema lex esto! Und dafs man damit dem Sonderinteresse des nothleidenden Staates wirklich nütze, konnte man bei dem noch unentwickelten Zustande der Weltwirthschaft und des internationalen Kredits wähnen. So lag in der Münzverschlechterung seitens des Staates noch keine Rechtswidrigkeit; denn nicht das moralische Empfinden, sondern die wirthschaftliche Nothwendigkeit giebt dem Recht seine Kraft. Es ist charakteristisch, wie noch Friedrich der Grofse in der Finanzklemme des siebenjährigen Krieges sich zu helfen suchte, indem er minderwerthiges Geld prägte, und zwar, wie es ausdrücklich heifst, «heimlich» und «für das Ausland». Darin kommt ganz naiv die Idee des Interessengegensatzes und die Kindlichkeit des internationalen Verkehrs zum Ausdruck. Noch im Anfang unseres Jahrhunderts griff der preufsische Staat in Folge der Kriegsnoth zu demselben Mittel; es kursirten damals für 18 Millionen Thaler schlechte Groschen, und zwar sehr schlechte, da man aus einer Mark fein Silber statt für $13^2/_3$ Thaler für volle 21 Thaler ausgeprägt hatte. Aber schon damals zeigte es sich, welche Bewandnifs es mit der «Heimlichkeit» und der Abstofsung in das «Ausland» eigentlich hatte. Trotz der Heimlichkeit nahm das Ausland die Münze nicht auf, und die geheimen leichten Groschen flossen unaufhaltsam nach Preufsen zurück oder blieben mit rührender Anhänglichkeit im Lande, wo sie es den Leuten wahrlich nicht leichter machten, sich redlich zu nähren. Es zeigte sich also bereits die wirthschaftliche Unmöglichkeit, in solcher Weise das Sonderinteresse auf Kosten der Interessengemeinschaft zu fördern. Die Entwickelung der Weltwirthschaft und des internationalen Kredits hat heut zu Tage jene Unmöglichkeit noch wesentlich gesteigert, und auch hier zur Sicherung dieser Lebensbedingungen der Staaten und Völker die Rechtsform erzeugt. Unbedenklich darf man es als Rechtssatz des heutigen Völkerrechts aussprechen, dafs jedes Staatsglied der internationalen Gemeinschaft verpflichtet ist, den von ihm geprägten Münzen denjenigen Gehalt wirklich zu geben, welchen seine Münzordnung bekannt giebt, und dafs eine «heimliche» Münzverschlechterung durch den Staat genau ebenso rechtswidrig wäre, wie Falschmünzerei durch Private. Das ist eine völkerrechtliche Norm, auch wenn es durch keinen Vertrag ausdrücklich stipulirt wird. Und wenn die Falschmünzerei der Einzelnen als Verstofs gegen das innerstaatliche Recht durch den äufseren Zwang der Staatsgewalt geahndet wird, so findet gegen staatliche Münzverschlechterung als Verstofs gegen das internationale Recht der innere

Zwang der weltwirthschaftlichen Interessengemeinschaft fast noch wirkungsvoller statt, indem durch Zerrüttung seines Kredits und Zurückstofsung des corpus delicti der widerrechtlich handelnde Staat mehr als den von ihm angestifteten Schaden zu leiden hat. Nicht ohne inneren Zusammenhang hiermit und ein Ausflufs der gleichen Triebkraft ist es, wenn heute Staaten, deren Währungsverhältnisse von früher her unter Unklarheit und Unsicherheit leiden, die sogenannte Valutaregulirung als wirthschaftliche Nothwendigkeit im eigenen Interesse und als Glieder der internationalen Gemeinschaft empfinden.

Um alle wirthschaftlichen Bedürfnisse der heutigen Gesellschaft zu befriedigen, bedarf man des Weltmarkts, des internationalen Verkehrs; und die elementarste Voraussetzung desselben ist die Möglichkeit des persönlichen Verkehrs im Auslande. Demgemäfs ist die formale, rechtliche Sicherung von Person und Eigenthum der eigenen Angehörigen im Auslande eine derjenigen Lebensbedingungen der staatlich organisirten Gesellschaft, welche diese Staatsorganisation zunächst nicht durch sich, im Wege des innerstaatlichen Rechts befriedigen kann, deren Sicherung vielmehr Aufgabe des Völkerrechts ist, das seine Fähigkeit hierzu aus der internationalen Gemeinsamkeit dieses wirthschaftlichen Interesses schöpft. Solange diese Interessengemeinschaft nicht zum Bewufstsein gekommen war, gab es dafür auch keine völkerrechtliche Sicherung; prinzipiell war der Fremde ein Feind und daher rechtlos. Ganz naturgemäfs konnte zunächst die Durchbrechung dieses Prinzips nur im Wege ausdrücklicher Satzung, d. h durch Verträge geschehen. Der Enge des Prohibitivsystems, des isolirten Staates mufste jede derartige Erweiterung mühsam abgerungen werden. Hier wie noch heute bei halbcivilisirten oder wilden Völkern spricht gewissermafsen die Präsumtion für die Rechtlosigkeit des Fremden, und nur soweit ausdrückliche Bestimmungen der Verträge entgegenstehen, weicht jenes Prinzip dem des Rechts. Je mehr jedoch die internationale Interessengemeinschaft erstarkt und die entsprechende Gemeinsamkeit der Kultur nivellirend wirkt, desto mehr können die Verträge entlastet werden von solchen Bestimmungen, die heute auch ohne ausdrückliche Festsetzung internationales Recht sind. Man vergleiche die heutigen Verträge zwischen civilisirten Staaten mit denen der Merkantilzeit oder mit den noch heute zwischen jenen und halbcivilisirten Staaten geschlossenen, und man wird eine Menge von Bestimmungen in den letzteren finden, die in den ersteren fehlen, und deren Verletzung dennoch unzweifelhaft auch hier als völkerrechtswidrig angesehen wird. Die elementarsten Voraussetzungen internationalen Verkehrs mufsten einst ausdrücklich stipulirt werden; man denke z. B. an die freie Religionsübung sogar der Gesandten oder an die Garantien für die Rechtssicherheit von Person und Eigenthum, welche in den sogenannten Kapitulationen mit orientalischen Staaten vorgesehen sind. Es ist begreiflich, dafs dabei vielfach mehr der Interessengegensatz als die Solidarität zum Ausdruck kam, wie dies als charakteristisches Beispiel noch der Vertrag von Turkmantschay zwischen Rufsland und Persien vom Jahre 1828 zeigt, welcher u. A. bestimmte, dafs bei Fallissements von Persern die Forderungen russischer Unterthanen vor allen anderen liquidirt und voll ausbezahlt werden müfsten. Heute hat wenigstens zwischen den civilisirten Staaten die Solidarität wirthschaftlicher Interessen auch eine internationale Rechtsgemeinschaft erzeugt, welche solche Stipulationen als überflüssig beseitigt. Wir sehen also auch hier wieder eine Reihe internationaler Rechtsnormen, welche unabhängig neben dem Vertragsrecht stehen und wirken.

Zum grofsen Theil haben diese Rechtsnormen Anerkennung in der autonomen Gesetzgebung der einzelnen Staaten gefunden, und insoweit rechnet man sie technisch meist gar nicht zum Völkerrecht, indem man die staatliche Gesetzgebung als ihre Quelle, jene Normen lediglich als Ausflufs des innerstaatlichen Rechts ansieht. Und doch liegt gerade hierin ein glänzender Triumph des Völkerrechts, welches die Stärke der staatlichen Organisationen und ihrer autonomen Gesetzgebung durch den immanenten Zwang der internationalen Interessengemeinschaft sich dienstbar macht. Die Quelle jener Rechtsnormen ist die staatliche Gesetzgebung in keinem anderen Sinne, als es für andere Normen der internationale Vertrag sein soll. Das heifst also: sie ist ebenso wie dieser nur ein Mittel zur Positivirung des Rechts, dessen eigentliche Quelle und schaffende Triebkraft die internationale Interessengemeinschaft, das Bedürfnifs des weltwirthschaftlichen Verkehrs ist. Indem und weil sich der Staat als Glied der internationalen Gemeinschaft fühlt und erkennt, erkennt er jene völkerrechtlichen Normen auch durch seine Gesetzgebung ausdrücklich an. Wohl werden sie dadurch zugleich dem innerstaatlichen Recht einverleibt, ohne jedoch andererseits ihren völkerrechtlichen Charakter abzustreifen. Denn als einseitige Mafsregeln des isolirten Staates können sie weder gedacht noch verstanden werden, vielmehr nur als Ausflüsse der die Staaten verbindenden Interessengemeinschaft zum Zwecke ihrer formalen Sicherung, d. h. als Völkerrecht. Dem entspricht es vollkommen, dafs vorerst die Anerkennung solcher internationaler Rechtsnormen durch die staatliche Gesetzgebung abhängig gemacht ward von der durch internationalen Vertrag zugesicherten Reciprocität. Je inniger sich jedoch die internationale Interessengemeinschaft mit der gesteigerten Intensität des weltwirthschaftlichen Verkehrs gestalltet hat, um so mehr kann von der ausdrücklichen Stipulirung der Gegenseitigkeit abgesehen werden, da sich dieselbe aus der wirthschaftlichen Interessengemeinschaft im Wesentlichen — unbeschadet der Differenzen in Einzelheiten — als Völkerrechtsnorm stillschweigend ergiebt. Welche Fortschritte unter diesem Gesichtspunkt speziell das Fremdenrecht in unserem Jahrhundert während zweier Menschenalter gemacht hat, kann am besten durch die einfache Nebeneinanderstellung zweier Gesetzesstellen illustrirt werden. Code Napoléon, das reifste Werk der Gesetzgebung aus dem Anfange unseres Jahrhunderts, bestimmt im Art. 11: «Der Ausländer soll in Frankreich die bürgerlichen Rechte geniefsen, welche dem Franzosen im Auslande durch Traktat gesichert sind.» Und das bürgerliche Gesetzbuch für das Königreich Italien vom Jahre 1866 sagt I, 3 kurz und gut: «Der Ausländer geniefst gleiche bürgerliche Rechte wie der Staatsbürger.» Da ist keine Rede mehr von dem ängstlichen und engherzigen Abwägen vertragsmäfsig fixirter Gegenseitigkeit; vielmehr erkennt man die Gleichstellung des Fremden mit dem Einheimischen vor Allem im Privatrecht, d. h. dem für die wirthschaftlichen Interessen wichtigsten Rechtsgebiet als ein auf der Lebensbedingung des Weltverkehrs beruhendes Prinzip des Völkerrechts, das kein Glied der internationalen Gemeinschaft ungestraft (d. h. vor Allem ohne schwere wirthschaftliche Schädigung) verachten kann. Die Gegenseitigkeit ergiebt sich demnach als internationale Rechtsnorm auch ohne Vertrag von selbst. Zugleich sieht man an diesem Beispiel ganz klar, dafs jene Bestimmung des Staatsgesetzes nur eine Anwendung des völkerrechtlichen Prinzips ist, nur als solche verstanden werden kann. Freilich, ein Rudiment der einstigen prinzipiellen Rechtlosigkeit des Fremden hat das Völkerrecht noch wenig zu beschränken vermocht: die Ausweisung. Sie bildet den schwächsten, weil schwierigsten Punkt des internationalen Fremdenrechts. Ihre völlige Beseitigung ist aus wirthschaftlichen wie rechtlichen Gründen weder wünschenswerth noch durchführbar. Wenn man Förderung des Völkerrechts nicht mit haltlosem Kosmopolitismus verwechselt, so kann man weder fordern noch erwarten, dafs der Staat auf dieses äufserste Mittel, in gewissen Fällen das Gesammtinteresse seiner Glieder gegen Störung durch feindliche Einzelinteressen Fremder zu sichern, völlig verzichte. Aber andererseits wird durch die an keine Rechtsschranken gebundene Willkür in der Anwendung dieses überaus zweischneidigen Mittels eine Rechtsunsicherheit erzeugt, welche mit dem Beruf des Rechts als der formalen Sicherung der Lebensbedingungen der Gesellschaft unvereinbar ist. Diesen Beruf kann das Recht auch hier nur durch Abgrenzung der Willensmacht der Personen, d. h. des Staates, welcher ausweisen will, und der Fremden, die bleiben wollen, erfüllen. Wenn gegen eine schrankenlose Handhabung der Ausweisungsbefugnifs die internationale öffentliche Meinung entrüstet reagirt, so ist dies nur der «moralische» Ausdruck für die Thatsache, dafs dadurch internationale Wirthschaftsinteressen verletzt werden; nicht am wenigsten die von Angehörigen des ausweisenden Staates selbst; und darin liegt der Zwang zur Abhilfe. Wir in Deutschland brauchen nach Beispielen nicht in die Ferne zu schweifen; denn das Schlechte liegt so nah! Und auch hier wieder ist das wirthschaftliche Bedürfnifs der nothwendige Ausgangspunkt der Rechtsbildung. Wirthschaftlich betrachtet ist nicht Jeder ein Fremder, der nicht das Bürgerrecht seines Aufenthaltsstaates erworben hat; vielmehr begründen die wirthschaftlichen Interessen, die sich an den Aufenthalt knüpfen, wesentliche Unterschiede in dem Verhältnifs des Ausländers zum Aufenthaltsstaate; Unterschiede, welche eine entsprechende Sicherung jener wirthschaftlichen Interessen durch Rechtsnormen an Stelle der Willkür gebieterisch erheischen. Und wieder ist dieses Bedürfnifs nach rechtlicher Normirung der Ausweisung, wie es bezüglich der Rechtsstellung der Fremden überhaupt soeben dargethan worden, kein Sonderinteresse des einzelnen Staates, sondern ein internationales Gemeininteresse. Ausdrücklich oder stillschweigend ist dabei selbstverständlich die Idee internationaler Gegenseitigkeit mafsgebend, da es sich ja um eine Aeufserung der Interessengemeinschaft des Weltverkehrs handelt. Demgemäfs bewahren die betreffenden Normen einen völkerrechtlichen Charakter, gleichviel, ob diese Gegenseitigkeit vertragsmäfsig stipulirt wird, oder ob sie bei der autonomen Fixirung als schliefslich unvermeidliche Konsequenz der internationalen Interessengemeinschaft anerkannt und erwartet wird. Auf diesem letzteren Wege sind zwei kleinere Staaten den anderen mit rühmlichem und nachahmenswerthem Beispiel vorangegangen: Dänemark durch ein Gesetz von 1875, welches dem Fremden nach zweijährigem Aufenthalte ein Wohnrecht zuerkennt, und Belgien, dessen Gesetz von 1885 wenigstens durch Aufstellung von 5 allgemeinen Kategorien von Personen, welche auch ohne Naturalisation der Ausweisung nicht unterliegen, die Willkür einigermafsen eingeschränkt hat. Gerade die wirthschaftlichen Schäden, welche in letzter Zeit für manche Grofsstaaten die Folgen schrankenloser Handhabung der Ausweisung gewesen, lassen die Zuversicht wohl berechtigt erscheinen, dafs auch hier das wirthschaftliche Bedürfnifs sich seine formale Sicherung durch das Recht erzwingen und die autonome Gesetzgebung der civilisirten Staaten sich dienstbar machen wird zur Positivirung einer aus den Lebensbedingungen des weltwirthschaftlichen Verkehrs fliefsenden Forderung des Völkerrechts.

Die hier vertretene Anschauung, nach welcher neben den internationalen Verträgen auch die autonome staatliche Gesetzgebung der Positivirung internationaler Rechtsnormen dienen kann, wird — aufser durch die bisher angeführten Beispiele ihrer thatsächlichen Wirksamkeit — auch durch die prinzipielle Erwägung gestützt, dafs ja auch der internationale Vertrag nach der herrschenden Lehre seine formale Rechtskraft darin findet, dafs er nach innen als Staatsgesetz gilt und wirkt. Wenn nun, wie bereits dargelegt worden, die materielle Quelle des Rechts in jedem Falle die wirthschaftliche Nothwendigkeit einer Sicherung der Gemeininteressen ist, so besteht der einzige Unterschied der beiden Positivirungsformen darin, dafs in dem einen Falle die Interessengemeinschaft zwischen den bestimmten einzelnen kontrahirenden Staaten zuvörderst durch den Vertragskonsens ausdrücklich konstatirt und erst dadurch mittelbar die Gesetzgebung der einzelnen kontrahirenden Staaten in Thätigkeit gesetzt wird. Dagegen ist im anderen Falle die aus dem weltwirthschaftlichen Verkehr resultirende Gemeinschaft der Interessen für das einzelne Glied der Völkerrechtsfamilie klar und zwingend genug, um seine Gesetzgebung unmittelbar in Thätigkeit zu setzen, und die Garantie einer im wesentlichen analogen Generalisirung der betreffenden Normen in sich selbst zu tragen, indem schon das Sonderinteresse des einzelnen Staates die Anerkennung jener Gemeininteressen erheischt. Dem entspricht vollkommen die oben erwähnte Wahrnehmung, dafs mit der steigenden Innigkeit und Stärke der internationalen Interessengemeinschaft die vertragsmäfsige Positivirung internationalen Rechts durch die autonome Gesetzgebung in vielen Punkten entlastet wird. An die Stelle dieser Materien, welche in Folge der internationalen Annäherung der autonomen Gesetzgebungen einer ausdrücklichen Stipulirung nicht mehr bedürfen, treten dann neue, auf welche sich bis dahin das internationale Recht überhaupt noch nicht erstreckt hatte. Der Vertrag schreitet voran und tracirt die Bahnen, auf denen ihm die autonome Gesetzgebung langsam, aber um so wirkungsvoller folgt.

In den vorher erörterten Fällen waren es zwar in ihrer Grundidee international-gemeinsame Rechtsnormen, welche durch die autonome Gesetzgebung fixirt wurden, jedoch im Einzelnen in mannigfach verschiedener Form. Es ist ein sehr weiter Spielraum, welcher den einzelnen Staaten selbst unter Anerkennung des gleichen Prinzips bei seiner Ausführung, z. B. bezüglich des Fremdenrechts und der Ausweisung offen bleibt. Daher bedeutet es eine ungemeine Vervollkommnung dieser Gestaltung, wenn ein und dasselbe positive Gesetz eine internationale Geltung erlangt, in verschiedenen Staaten materiell identisch, wenn auch formell als Satzung der verschiedenen Staatsgewalten gilt. Abgesehen von den Fällen, wo dieser Zustand auf einen früheren politischen Zusammenhang der betreffenden Staaten zurückgeht, findet er sich schon vielfach auf dem Gebiete, welches überhaupt den wesentlichsten Anstofs zur modernen Gestaltung des Völkerrechts gegeben hat und demselben jederzeit den fruchtbarsten Boden bietet: dem des Handels. Das allgemeine deutsche Handelsgesetzbuch und besonders die Wechselordnung sowie der Code de commerce, ebenfalls vor Allem in seinen wechselrechtlichen Bestimmungen haben in diesem Sinne schon heute eine weitgehende internationale Geltung. Und die hier noch bestehenden rechtlichen Verschiedenheiten sind relativ so geringfügig, die nivellirende Macht der Interessengemeinschaft andererseits und das wirthschaftliche Verkehrsbedürfnifs so überwältigend, dafs einer völligen Durchführung der Rechtsgemeinschaft hier keine unüberwindlichen Hindernisse mehr entgegenstehen, und das Völkerrecht auf diesem Gebiete, von dem aus es vor fast drei Jahrhunderten seinen Siegeszug angetreten, den Triumph der ersten internationalen Kodifikation mit Sicherheit erwarten darf.

Ist demnach die Sphäre des Handels- und Wechselrechts diejenige, in welcher naturgemäfs die gleichen Bedürfnisse des internationalen Verkehrs die gröfste internationale Rechtsgleichheit fordern und ermöglichen, so bietet die Geschichte der internationalen Handelsverträge ein getreues Bild des unablässigen Ringens der internationalen Interessengemeinschaft und der nationalen Interessengegensätze. Sie liefert urkundliches Material zur Erkenntnifs der Wahrheit, dafs zwar der Fortschritt der Kultur in der steten Ausdehnung und Vertiefung der Interessengemeinschaft besteht; dafs aber andererseits der Interessengegensatz trotz all' jener Fortschritte unvertilgbar bestehen bleibt.[16]) Die oben als Folge steigender Interessengemeinschaft dargelegte Entlastung der Verträge durch wachsende internationale Rechtsgemeinschaft zeigt sich darin, dafs die umfassende Form der «Handels-, Schifffahrts- und Freundschaftsverträge», in denen die elementarsten Voraussetzungen internationalen Verkehrs normirt werden, heute wesentlich nur halb- oder unzivilisirten Völkern gegenüber nothwendig ist, während die Handelsverträge zwischen den Gliedern der Völkerrechtsfamilie sich wesentlich auf andere Fragen beschränken können. Jedoch diese Fragen, deren Kern vor Allem der Zolltarif bildet, sind überaus geeignet, den Kampf der Interessengegensätze immer aufs Neue zu entfachen. Die Grundsätze des freien Handels, welche schon vor Jahrhunderten in den Niederlanden zur Zeit ihrer wirthschaftlichen Blüthe verkündet worden, sind noch heute weit entfernt, Gemeingut der Kulturwelt zu sein. Im Gegensatz zu ihnen ertönt immer wieder der wohlbekannte Ruf nach «Schutz der nationalen Arbeit»; und es soll nicht geleugnet werden, dafs die Interessen eines hochentwickelten Handelsvolkes sich nicht ohne Weiteres für alle volkswirthschaftlichen Entwickelungsstadien generalisiren lassen. Es ist hier nicht der Ort, die grofse Streitfrage: Freihandel oder Schutzzoll? irgendwie zu erörtern; wohl aber mag doch darauf hingewiesen werden, wie selbst auf diesem Gebiete trotz der Stärke des Interessenkampfes die Idee des auf der Interessengemeinschaft beruhenden Rechts Fortschritte gemacht hat. Ein Rückblick auf die Zeit der allgemeinen Abschliefsung, der Herrschaft des Merkantilismus in Theorie und Praxis wird dies am besten illustriren.

Damals handelte man nach der Meinung, dafs unter allen Umständen der Nutzen des einen Staates der Schaden des anderen sei und sein müsse; und selbst in den spärlichen Fällen, in denen man den permanenten wirthschaftlichen Kriegszustand durch Handelsverträge scheinbar unterbrach, galt es doch als Hauptaufgabe, den Mitkontrahenten, in dem man doch immer den Gegner sah, möglichst über's Ohr zu hauen. Nahm man ja schon den blofsen Nachtheil des Anderen für eigenen Vortheil. Unter der Herrschaft des Isolirungsprinzips ward so selbst die Vertragsschliefsung ein Mittel des Kampfes; mit dem Bewufstsein der Interessengemeinschaft mangelte füglich auch das Bewufstsein des internationalen Rechtes. Freilich rächte sich meist diese Kurzsichtigkeit gemäfs den immanenten Gesetzen des wirthschaftlichen Lebens, deren überlegene Logik allmählich die beschränkte der Menschen in die richtigen Bahnen zwang. Ein Beispiel: Im Jahre 1703 hatte Lord Methuen als Vertreter Englands mit Portugal einen Handelsvertrag zu Stande gebracht, der dem schlauen Unterhändler grofsen Ruhm eintrug, weil er angeblich seinen portugiesischen Mitkontrahenten furchtbar bemogelt hatte. Noch nach vielen Jahrzehnten, im Jahre 1782 konnte ein Deutscher über diesen Methuen-Vertrag bewundernd Folgendes schreiben:[1])

«Portugal hatte Tuch- und Wollenmanufakturen angelegt, und da seine Wolle der spanischen an Güte und Feinheit wenig nachgiebt, und der Hof die Unternehmer unterstützte und ermunterte, so hatten diese Manufakturen einen Fortgang, der alle Erwartung übertraf. Man verbot bereits alle ausländischen Tücher und Wollenzeuge. England, dessen Manufakturen in diesem Reiche bisher schon erheblichen Absatz gehabt hatten, wandte alle Bestrebungen und alle Künste der Unterhandlung an, um zu seinem Vortheil die Aufhebung dieses Verbots und dadurch die ausschliefsliche Einführung seiner Tücher und Wollenzeuge zu erlangen. Der geschickte Unterhändler bediente sich vornehmlich des Beweggrunds, dafs England gegen jene Begünstigung den portugiesischen Weinen den Vorzug vor den französischen geben wolle. Er verbarg den portugiesischen Ministern die eigentliche Ursache, welche England seines eigenen Vortheils wegen vermochte, die Einfuhr und den Verbrauch der portugiesischen Weine vorzüglich zu begünstigen. Da England gegen Frankreich die Handelsbilanz auf das überwiegendste gegen sich, und keine Mittel solche auf seine Seite zu lenken, in seiner Macht hat, so erforderte sein eigener Vortheil, die Einfuhr französischer Produkte, mithin vornehmlich der Weine, um so mehr zu vermeiden, zu mindern und einzuschränken, da diese theurer als die portugiesischen Weine sind. Der englische Minister wufste aber die Verminderung der Eingangsrechte von den portugiesischen Weinen als eine grofse Begünstigung der portugiesischen Handlung und Ausfuhr vorzuspiegeln und anzupreisen und erhielt dafür die Erlaubnifs, englische Tücher und Wollenzeuge in Portugal einzuführen, da solches anderen Nationen verboten blieb.»

Aber allzu scharf macht schartig. Schliefslich war England der betrogene Betrüger, denn Portugal hatte wohlweislich die Begünstigung der englischen Manufaktur nicht auf seine Kolonien ausgedehnt, und ihr so nur das kleine Absatzgebiet des Mutterlandes geöffnet, während andererseits der englische Handel mit Frankreich in Folge der von letzterem ergriffenen Repressalien um so empfindlicher litt. Und als dann England 1786 sich auch zu einem Handelsvertrag mit Frankreich entschlofs, da machte es recht unliebsame Erfahrungen mit dem dieser ganzen Methode entsprechenden Institut der Differentialzölle. Es mufste nämlich zuvörderst den französischen Weinen denselben niedrigen

Zollsatz gewähren, den bisher nur die portugiesischen genossen hatten; da jedoch der Methuen-Vertrag den Portugiesen für ihre Weine einen um ⅓ niedrigeren Differentialtarif ein für allemal zugesichert hatte, so mufste dieser nun wieder entsprechend herabgesetzt werden, so dafs England recht empfindlich die Kosten des Verfahrens zu tragen hatte. Auf gleicher Höhe wirthschaftspolitischer Weisheit standen die Bestimmungen des Assientovertrages von 1713, wonach England jährlich ein Schiff von bestimmtem Tonnengehalt mit Waaren in die sonst streng abgeschlossenen spanisch-amerikanischen Kolonien senden durfte, woran sich natürlich umfangreiche und ergiebige Mogeleien und Schmuggeleien knüpften.[16])

Welch' Abstand von diesen kleinlichen Kniffen und Pfiffen bis zu den heutigen Tarifverträgen, sofern man sich durch atavistische Rückfälle nicht beirren läfst. Die Nutzlosigkeit, ja Schädlichkeit jener Ränke für den Urheber selbst, die intensive und extensive Steigerung des weltwirthschaftlichen Verkehrs haben die Erkenntnifs erzwungen, dafs der Handelsvertrag seinem Wesen nach ein Ausflufs der Interessengemeinschaft, nicht eine Waffe des Interessenkampfes ist; dafs daher in ihm ein auf der Grundlage der Interessengemeinschaft erwachsenes internationales Recht fixirt wird, dessen Mifsachtung mit der Zugehörigkeit zur internationalen Gemeinschaft unvereinbar ist. Und je enger der Weltverkehr die Staaten und Völker an einander gerückt hat, desto nachhaltiger hat sich die Erkenntnifs geltend gemacht, dafs es sich bei Handelsverträgen nicht blofs um die Interessengemeinschaft der augenblicklichen Kontrahenten, sondern aller Glieder der Völkerrechtsfamilie handelt. Diese Wirkung eines Handelsvertrages weit über die einseitigen Interessen der Kontrahenten hinaus findet ihren völkerrechtlichen Ausdruck in der Meistbegünstigungsklausel, der generellen Gleichstellung des Mitkontrahenten mit den »amicissimis praesentibus et futuris«, wie es in älteren lateinischen Vertragstexten heifst. Durch diese Einrichtung, welche besonders seit der grofsen Aera der Handelsverträge, die jetzt gerade vor 30 Jahren anhob, fast allgemein angenommen worden, hat sich das Recht der internationalen Handelsverträge zu einem umfassenden System entwickelt, welches in mannigfachster Verzweigung alle Glieder der internationalen Gemeinschaft verbindet. In klarem und erfreulichem Gegensatze · zum System der Differentialzölle, in welchem die enge Auffassung der Interessenfeindschaft zum Ausdruck kommt, ist das Prinzip der Meistbegünstigung ein Ausflufs der modernen Weltwirthschaft, der Solidarität aller Glieder der internationalen Gemeinschaft. Diesem Prinzip ist es zu danken, dafs der eben geschilderte Entwickelungsgang internationalen Rechts, wonach das zuerst in einzelnen Verträgen Stipulirte dann durch die autonome Gesetzgebung verallgemeinert wird, auch hier zur Geltung gekommen ist; so war es schon die Praxis des deutschen Zollvereins, im Hinblick auf die Meistbegünstigungsklausel die in einem einzelnen Vertrage stipulirten niedrigeren Zollsätze ohne Weiteres in den autonomen Generaltarif einzufügen. Schattenseiten hat freilich dieses Prinzip ebenso wie alle Dinge dieser Welt. Aber solange es nicht durch ein besseres Mittel zur Geltendmachung der weltwirthschaftlichen Interessengemeinschaft ersetzt ist, dürfte dem Ansturm, der sich in unseren Tagen so vielfach gegen dies ganze System der modernen Handelsverträge richtet, ein dauernder Erfolg weder beschieden noch zu wünschen sein. Die weltwirthschaftliche Interessengemeinschaft übt einen zu mächtigen immanenten Zwang, als dafs es feindlichen Sonderinteressen auf die Dauer gelingen könnte, die gute alte Zeit des isolirten Staates wieder zu beleben; und das Prinzip der Meistbegünstigung findet seine beste Rechtfertigung e contrario, in den Erfahrungen, die man mit seinem Gegensatz, den Differentialzöllen, gemacht hat und immer wieder machen würde.

Die hier betrachtete Entwicklung des Völkerrechts im Dienste des Wirthschaftslebens steht, wie wir wiederholt gesehen, in inniger Wechselwirkung mit dem internationalen Verkehr. Daher bildet ein vorzügliches Barometer für diesen ganzen Entwicklungsprozefs, für die Stärke des Druckes, den das Verkehrsbedürfnifs ausübt, die Gestaltung der grofsen Vermittler des Verkehrs und zugleich seiner Lieblinge: der Post mit ihren Pertinenzen und der Eisenbahn. In aller Kürze mögen einige wenige Daten aus ihrer Geschichte veranschaulichen, wie hier ganz augenfällig die Lebensbedingungen der staatlich organisirten Gesellschaft ihre Befriedigung nur durch eine internationale Gemeinschaft und demgemäfs ihre formale Sicherung nur durch ein internationales Recht finden können.

Um die Mitte des vorigen Jahrhunderts beklagte sich der wackere Justi in Wien bitterlich darüber, dafs er für wenige Druckbogen, mit deren Zusendung ihn befreundete Gelehrte beehrten, einen Thaler oder selbst 2 Gulden Porto zahlen mufste, obgleich sie schon zur Häfte frankirt waren. Das waren freilich schlimme Hemmnisse eines lebhaften Verkehrs, den die damalige Staatswirthschaft gänzlich gegenüber der Fiskalität zurückstehen liefs. In Frankreich kam man während der Revolutionszeit sogar auf den klugen Gedanken, das Briefporto als eine Luxusausgabe der Reichen ‹bluten› zu lassen. Als die Erträgnisse gering waren, normirte man es 1796 auf 2½ bis 10 fr.; natürlich mit dem Erfolg, dafs nun gar nichts einkam, worauf es sofort wieder auf 6 bis 18 Sous herabgesetzt wurde. Man kam eben in der Zeit wirthschaftlicher Unreife über ein unklares Experimentiren nicht hinaus. Auch noch das preufsische Regulativ von 1824 hat Portosätze bis zu 1 Thlr. innerhalb Preufsens. Eine radikale Reform ging von dem wirthschaftlich entwickeltsten Lande, von England aus, wo sie sich an den Namen Rowland Hill knüpft: im Jahre 1840 ward dort mit einem Schlage das Briefporto derart herabgesetzt, dafs es z. B. für einfache Briefe von London nach Edinburg von 42 Pence auf 1 Penny fiel. Aber so verdienstvoll dieses Vorgehen war, etwas Vollkommenes konnte durch einseitige Mafsregeln eines einzelnen Staates nicht erreicht werden. Das zeigte sich zahlenmäfsig in dem grofsen Ausfall, welchen in Folge jener Reform die Einnahmen der englichen Post erlitten: erst 1872 hatten sie wieder den Stand des Jahres 1839 erreicht; sind seitdem aber gewaltig gestiegen. Denn seitdem hat man den festen Boden für die Regelung dieses Gebietes gefunden. Es handelt sich hier im eminentesten Sinne um ein internationales Bedürfnifs des weltwirthschaftlichen Verkehrs, dessen Befriedigung daher auch nur durch das Völkerrecht gesichert werden kann. Dies ist geschehen. Der im Oktober 1874 zu Bern zwischen 21 Staaten geschlossene erste allgemeine Postverein hat sich 1878 zu Paris zum Weltpostverein erweitert, dem heute einige fünfzig Staaten, in der That ziemlich die ganze staatlich organisirte Menschheit angehört. Die rechtschaffende Kraft der wirthschaftlichen Nothwendigkeit hat sich ein Denkmal gesetzt in dem monumentalen Art. 1 des Weltpostvertrages: ‹Die sämmtlichen

Vertragsstaaten bilden ein einziges Postgebiet, welches den Namen Weltpostverein führt.» Und charakteristisch für den hier wiederholt betonten Zug des heutigen internationalen Lebens, die natürliche Gemeinsamkeit der Interessen an die Stelle engherziger Abwägung und ängstlicher Berechnung des Sonderinteresses treten zu lassen, ist der Art. 9 des Vertrages, wonach keine Abrechnung unter den Vereinsgliedern stattfindet; vielmehr jeder Staat das behält, was er einnimmt.

Diese mächtige Steigerung des Verkehrs, deren Ausdruck der Weltpostverein ist, wäre nicht denkbar ohne das gewaltige neue Verkehrsmittel, welches den Dampf in seinen Dienst gestellt hat. Was der alten Postschnecke gegenüber möglich war, ist der Lokomotive gegenüber unmöglich. Die Eisenbahn verringert ja in der That das natürliche Haupthindernifs des internationalen Verkehrs, die Entfernung, bis auf ein Minimum. Dafs dieser Gewinn, der gewaltigste vielleicht, den das Wirthschaftsleben jemals errungen hat, durch staatliche Mafsregeln gefördert und gesichert, nicht aber beeinträchtigt werde, ist zweifellos eine wirthschaftliche Lebensbedingung der staatlich organisirten Gesellschaft. Jene Sicherung kann aber natürlich gemäfs der Internationalität dieses Verkehrsmittels nur durch völkerrechtliche Normen erfolgen. Es bezeichnet schlagend die Verkehrtheit des alten Isolirungsprinzips im heutigen Stadium des Weltverkehrs, wenn z. B. das heilige Rufsland besonders klug zu handeln glaubte, indem es sich durch eine andere Spurweite seiner Eisenbahn vom Auslande isolirte. In vollendetem und erfreulichem Gegensatze hierzu haben Deutschland, Oesterreich, Frankreich, Italien und die Schweiz, also weitaus der gröfste Theil des übrigen kontinentalen Ländergebiets, sich auf den Berner Konferenzen von 1882 und 1886 zur völkerrechtlichen Regelung aller wichtigsten Normen für die Technik des rollenden Eisenbahnmaterials vereinigt. Daneben gehen seit 1878 die erfolgreichen Bestrebungen her zur internationalen Normirung des wirthschaftlich so überaus wichtigen Gütertransportrechts der Eisenbahnen; Bestrebungen, die gerade in diesen Tagen einen erheblichen Fortschritt zu ihrer völligen Realisirung zu machen im Begriff sind.

Zeigt sich für Sicherung und Förderung dieser grofsen Verkehrsmittel das heutige Völkerrecht in ganz eminentem Sinne thätig im Dienste des Wirthschaftslebens, so bekundet sich auch auf anderen Gebieten der Zug zur Internationalität der wirthschaftlichen Interessen wie ihrer formalen Sicherung durch das Recht. Wie kurz ist der Zeitraum, seitdem das wirthschaftliche Bedürfnifs den Schutz innerstaatlichen Rechts erzwungen hat für die Erzeugnisse der Litteratur und Kunst sowie der geistigen Arbeit im Gewerbe, der Erfindungen, Muster, Modelle u. s. w. Die Zeit des Faustrechts, d. h. völliger Rechtlosigkeit auf diesen Gebieten auch innerhalb der Staatsorganisation liegt wahrlich noch nicht weit hinter uns. Und schon genügt der innerstaatliche Rechtsschutz nicht mehr dem wirthschaftlichen Bedürfnifs, welches sich durch den Weltverkehr zu einem internationalen Gemeininteresse erweitert hat. Die internationalen Konventionen für **Muster-Patent- und Markenschutz, die Litterarkonventionen** u. dgl. m. bezeichnen die — freilich noch recht entwicklungsbedürftigen, aber auch entwicklungsfähigen — Anfänge einer völkerrechtlichen Sicherung dieser internationalen Wirthschaftsbedürfnisse. In noch weiterem Umfange äufsert sich dieselbe rechtschaffende Kraft des internationalen Wirthschaftslebens in dem durch die **allgemeine Meterkonvention** von 1875 geschaffenen **internationalen Verein für Mafs und Gewicht.** Was vor drei Jahrhunderten Scaruffi für das Geldwesen Europas ersehnte, das ist hier für die internationale Gemeinsamkeit dieser andren Mafsstäbe im Interesse des weltwirthschaftlichen Verkehrs verwirklicht. Zugleich gehört dieser internationale Verein neben mehreren der vorher genannten zu denjenigen Bildungen des heutigen Völkerrechts, welche bereits Anfänge einer **internationalen Organisation, dauernde Organe,** aufweisen. Dafs wir diese Anfänge trotz ihrer unleugbaren symptomatischen Bedeutung nicht überschätzen, ward bereits oben gezeigt.[19])

Erschöpfende Vollständigkeit liegt hier nicht in unserer Aufgabe. Die erörterten Beispiele dürften ausreichen, um die ausführlich dargelegte Grundauffassung vom Wesen des Völkerrechts im Dienste des Wirthschaftslebens zu erläutern.

Werfen wir nun aber einen Blick auf unseren Ausgangspunkt zurück, so beweist das umfassende System spezifischer Friedensarbeit des Völkerrechts, das wir indessen überblickt haben, doch wohl, wie lächerlich der immer wieder unternommene Versuch ist, das Völkerrecht durch Berufung auf die Fortexistenz des Krieges zu depossediren. Vielmehr haben wir hier seine Bedeutung in völliger Unabhängigkeit von den mehr oder weniger utopischen Plänen der Apostel des ewigen Friedens zu würdigen versucht. Unser Betrachtungsobjekt war der internationale Zustand, wie er ist; nicht, wie er vielleicht sein sollte. Freilich, einer hoffnungsfrohen Ueberzeugung dürfen wir zum Schlufs wohl Ausdruck geben, ohne den Boden der Wirklichkeit zu verlassen, und ohne dem beliebten, aber unfruchtbaren Prophetenhandwerk zu fröhnen. Das internationale Wirthschaftsleben und seine Rechtsproduktion stehen in organischer Wechselwirkung mit dem Friedenszustande. Dieser vermehrt die Ausdehnung wie die Intensität der Weltwirthschaft und ihres Produkts, des Völkerrechts; aber zugleich sichern die bestehenden wirthschaftlichen Gemeininteressen und internationalen Rechtsnormen mehr und mehr den Frieden.[20])

Wie die Menschenarbeit langsam, oft gestört, aber unermüdlich Deiche in's Wasser treibt, um ihm Land abzuringen, so setzt das Völkerrecht im Dienste des Wirthschaftslebens in unscheinbarer, langsamer, aber unermüdlicher Friedensarbeit dem Kriege Deiche und Dämme entgegen, ihn einengend und zurückdrängend. Und mag es auch in absehbarer Zeit nicht gelingen, «den faulen Pfuhl auch abzuziehen», so hat doch schon jetzt das Völkerrecht im Dienste des Wirthschaftslebens eröffnet «Räume vielen Millionen; nicht sicher zwar, doch thätig frei zu wohnen».

Anmerkungen und Exkurse.

¹) Jhering, «Der Zweck im Recht» (2. Aufl.) Bd. I, S. 443. — Allerdings findet sich hier noch der Zusatz, dafs jene Sicherung »durch die Zwangsgewalt des Staates beschafft» werde. Zu der durch diese Worte angedeuteten Anschauung wird meine Stellungnahme durch die späteren Ausführungen sich ergeben. Auch in den gleich nach der zitirten Stelle folgenden Erörterungen Jhering's tritt eine etwas andere Auffassung des Verhältnisses der materiellen und immateriellen Interessen hervor, als die von mir im Text vertretene. Zum Theil erklärt sich dies vielleicht daraus, dafs Jhering leider absichtlich auf die wirthschaftlichen Momente nicht näher eingeht. Er sagt selbst (a. a. O. S. 98): «Die nationalökonomische Seite der Frage liegt meiner Untersuchung, die lediglich sozialer Art ist, gänzlich fern, mir kommt es nur auf die Einrichtungen an, auf denen für die Gesellschaft die Sicherung der Befriedigung des menschlichen Bedürfnisses beruht; nicht aber auf die Gesetze, nach denen sich die Verkehrsbewegung reguliert.» — Die geflissentliche Trennung der inneren Entwickelungsgeschichte von den äufseren Einrichtungen, die doch das organische Produkt jener sind und nur in diesem Zusammenhange völlig verstanden werden können, dürfte berechtigtem Widerspruch begegnen. Gerade auf die Hervorhebung jenes Zusammenhanges — freilich nur unter einem bestimmten Gesichtspunkte und in skizzenhaften Umrissen — kommt es mir in dieser kleinen Arbeit an. Dennoch und trotz mannigfacher Meinungsdifferenzen im Einzelnen mufs hier auf das Werk Jhering's als Quelle reichster Anregung verwiesen werden; besonders sei das VII. Kap. mit seiner glänzenden und an Ausblicken reichen Charakteristik des Verkehrs zur Ergänzung der im Text gegebenen, nothwendig summarischen Andeutungen genannt.

²) Diese Definition rührt von Rosin her; vgl. hierzu meine Schrift: «Gemeinde, Staat, Reich als Gebietskörperschaften» (Springer, 1889) S. 147. — Freilich sind die Formulirungen sowohl Jhering's wie Rosin's fast mehr Umschreibungen als Definitionen des Rechtsbegriffs; jedoch ergeben sich aus ihnen fruchtbare Gesichtspunkte. Im Uebrigen: «omnis definitio periculosa est», sagt der alte Rechtslehrer, und ein moderner meint in freier Uebersetzung: entweder ist eine Definition verständlich, dann ist sie falsch; oder sie ist richtig, dann ist sie unverständlich!

³) Jüngst brachten die deutschen Zeitungen wieder den Inhalt eines jener zugleich traurigen und unfreiwillig komischen russischen Judenukase, welcher sich gegen die Visirung von Pässen für «fremde Juden» richtete. Eine rücksichtsvolle Ausnahme war darin jedoch für Angestellte von Bankhäusern vorgesehen, die sich behufs finanzieller Geschäfte mit der Regierung nach Rufsland begeben wollen. O heiliges Rufsland!

⁴) Eine Menge von falschen oder unklaren Vorstellungen und Folgerungen knüpft sich an die Frage, ob die Erzwingbarkeit ein wesentliches Erforderniſs des Rechtsbegriffs ist; denn keine wissenschaftliche Erörterung, die irgendwie die begrifflichen Grundlagen berührt, kann an dieser Frage schweigend vorübergehen. Die vielen hieraus entspringenden Irrthümer erklären sich dadurch, daſs die Beantwortung dieser Frage mit einem einfachen Ja oder Nein nicht erledigt ist. Denn einerseits läſst sich nicht verkennen, daſs durch die einfache Verneinung jener Frage jede Festigkeit des Rechtsbegriffs aufgelöst und derselbe mit den Begriffen Moral und Sitte verschwimmen würde. Aber andererseits würde durch die unbedingte Bejahung der Frage nicht nur das ganze Völkerrecht, sondern auch der gröſste und wichtigste Theil des modernen Staatsrechts begrifflich vom Rechtsgebiet ausgeschlossen werden. Und dies wäre offenbar mit der wahren Aufgabe der wissenschaftlichen Begriffskonstruktion: der gedanklichen Erfassung und Durchdringung der Wirklichkeit völlig unvereinbar. Beruht doch das ganze konstitutionelle Staatsrecht auf dem Prinzip, daſs die Macht des Fürsten eine rechtlich normirte, er selbst aber keinem Zwange unterworfen ist.

Auch Jhering (a. a. O. S. 320) stimmt zwar der Auffassung des Rechts als «Inbegriff der in einem Staate geltenden Zwangsnormen» zu; jedoch verschlieſst er sich nicht den oben angedeuteten Bedenken und findet deren Lösung gleichfalls im Hinblick auf die Unvollkommenheit der Organisation (S. 325 fg.). Aber er faſst die Sache doch etwas zu äuſserlich, indem er als Surrogat der fehlenden internationalen Zwangsorganisation lediglich die Selbsthülfe betrachtet. Und ebenso äuſserlich ist seine Auffassung bezüglich der staatsrechtlichen Stellung des Monarchen nach der hier in Frage stehenden Richtung. Er meint (S. 327): «Bei irgend einem Punkt in der staatlichen Zwangsmaschine muſs das Gezwungenwerden ein Ende nehmen und lediglich das Zwingen übrig bleiben, sowie bei irgend einem anderen Punkt umgekehrt das Zwingen einmal aufhören und lediglich das Gezwungenwerden übrig bleiben muſs. Bei allen anderen Organen der Staatsgewalt trifft das Gezwungenwerden und das Zwingen zusammen, sie empfangen ihre Impulse von oben und setzen sie nach unten fort, ganz so wie in einem Uhrwerk, in dem eine Feder die andere treibt. Aber die Uhr kann sich nicht selber aufziehen, dazu bedarf es der menschlichen Hand. Diese Hand ist in der monarchischen Verfassung der Monarch; sie setzt das ganze Räderwerk in Bewegung; er ist die einzige Person im Staat, welche zwingt, ohne selber gezwungen zu werden.» — Diese Auffassung ist überaus charakteristisch für die äuſserlich mechanische Anschauung dieser ganzen Richtung, um so charakteristischer, als sie von einem Jhering ausgeht. Freilich, so leicht mag es sich die organische Staatstheorie nicht machen, die den Staat nicht als «Zwangsmaschine», ganz wie ein «Uhrwerk» betrachtet. Die Mechanik kann kein perpetuum mobile konstruiren; auch der kunstvollsten Maschine muſs der Anstoſs zur Bewegung, die eben hier kein inneres Leben ist, von auſsen gegeben werden. Der Organismus dagegen erzeugt und trägt die Bewegung des Lebens in sich selbst; daher können niemals organische Erscheinungen durch mechanische Gleichnisse erklärt werden. Der Staat, der von auſsen den Anstoſs zu mechanischer Bewegung erhält; der Monarch, der seinem Staate fremd gegenübersteht als ein völlig heterogenes Wesen wie der Mensch der Maschine; der Zwingherr, der nur zwingt, und der Unterthan, der nur gezwungen wird — das soll ein Bild, nicht etwa des Negerreichs Dahomey, sondern des modernen Rechtsstaates sein! Und ein anderes hat man der organischen Lehre, die freilich nicht mit wenigen Worten über die Schwierigkeiten hinweg zu hüpfen vermag, nicht entgegenzusetzen!

Es ist hier nicht der Ort zur weiteren Erörterung dieser Frage des allgemeinen Staatsrechts. Aber die kleine Abschweifung findet ihre Rechtfertigung darin, dafs sich die Unzulänglichkeit der hier wie im Text bekämpften Anschauung, welche im äufseren, mechanischen Zwang das Charakteristikum des Rechtsbegriffs findet, gerade in ihrer Anwendung auf das Staatsrecht am klarsten und handgreiflichsten zeigt. Die Anschauung selbst aber ist dieselbe, die auch zur Anerkennung der sog. Positivität des Völkerrechts den äufseren Zwang oder doch ein Surrogat desselben fordert. Demgegenüber hält die im Text vertretene Theorie zwar das Element des Zwingenden im Rechtsbegriff fest, fafst jedoch dieses Element tiefer und weiter auf, und nicht lediglich als äufserliche Mechanik. Vgl. die weitere prinzipielle Darlegung in meiner Schrift: «Gemeinde, Staat, Reich» S. 203 fg., wozu die hier im Text entwickelte Theorie des inneren wirthschaftlichen Zwanges eine Ergänzung bildet.

Einen interessanten Beitrag zu dieser Frage liefern auch die Erörterungen Lothar Bucher's im I. Kapitel seiner Schrift: «Der Parlamentarismus wie er ist» (2. Aufl. 1881). Er weist dort u. A. auf eine Eigenthümlichkeit des wirthschaftlich so entwickelten englischen Lebens hin: die Regelmäfsigkeit im eigentlichsten Sinne des Wortes, der zu Folge in vielen Beziehungen der Uebergang von Gewohnheit und Sitte zum eigentlichen Recht ein fast unmerklicher sei. So sei z. B. bei Einführung der Penny-Post der Wunsch ausgesprochen worden, dafs an jedem Haus ein Briefkasten angebracht werde. «Der Rath fand Anfangs nur sehr allmählich Eingang. Aber jeder Dienstbote, die durch das Klopfen des Briefträgers von der Arbeit abgerufen wird, jede nervenschwache Dame, die mit Zittern das zweite, donnernde Pochen des über den Verzug Erzürnten erwartet, helfen dem Institut auf. In der vorletzten Session wurde es schon angeregt, den Briefkasten zu einer Zwangspflicht zu machen, «da doch die meisten Häuser ihn schon hätten». Aus eben diesem Grunde wurde der Antrag vertagt und wird vielleicht nach einigen Jahren überflüssig sein. Der Fremde ist oft im Zweifel, kann oft auch von Eingeborenen keine Auskunft darüber erhalten, ob eine Einrichtung nur Sitte oder auch Parlamentsakt ist.» — Diese Ausführungen finden in der That auch besonders im englischen Staatsrecht reichste Bestätigung, und überhaupt im common law, welches in gewissem Sinne ein Bindeglied zwischen Sitte und statute law bildet. In jenen Beispielen zeigt sich praktisch das Walten eines immanenten Zwanges, der sich keineswegs mit dem äufserlichen Zwange der Staatsgewalt deckt. Und wenn man unserer Anschauung vorwerfen mag, dafs sie durch ihre erweiterte Fassung des Zwangsmoments den Unterschied zwischen Sitte und Recht zwar nicht aufhebt, aber doch flüssiger, weniger schroff gestaltet, so sehe ich darin keinen Fehler, sondern einen Vorzug. Denn nur so entspricht wieder die Theorie der Wirklichkeit; und ich pflichte Bucher völlig bei, wenn er sagt (a. a. O. S. 26): «Die bewufste Erkenntnifs der Gesetze der menschlichen Natur und der menschlichen Gesellschaft kommt spät. Aber ihre Wirkung wird zu jeder Zeit empfunden, mufs also in höherem oder geringerem Grade zu jeder Zeit das Verhalten bestimmen. Gewöhnung, Sitte ist die erste Erscheinungsform des Rechts. Diese Quelle der Rechtsbildung versiegt nie. Aber der «Staat» ist unaufhörlich bemüht sie zu verschütten und zu verunreinigen.»

⁸) Die gegenseitige Durchdringung der Jurisprudenz und der Nationalökonomie ist eine theoretisch wie praktisch unabweisliche Forderung unserer Zeit. In verschiedenster Art und Form macht sich dies Bedürfnifs in der Wissenschaft wie im Leben geltend. Gerade jenes Konglomerat schwierigster Streitfragen, welches man unter dem journalistischen Schlagwort «soziale Frage» zusammenfafst, und welches heute so sehr im Mittelpunkt des allgemeinen Inter-

esses — der Politiker, der Gelehrten, der Laien — steht, dafs es alle Uebertreibungen einer Modesache zu erfahren hat; gerade auch diese Probleme erweisen bei jeder tieferen Erfassung die Unfruchtbarkeit einseitig juristischer wie einseitig wirthschaftlicher Behandlung. Verliert die eine über ihren rein formalen Gesichtspunkten leicht jede Fühlung mit den Bedürfnissen des Lebens, so geräth die andere ohne den Prüfstein juristischer Formulirung ebenso leicht in's schrankenlose Irrlichteriren. Beides aber ist gleichmäfsig unfruchtbar für eine wahre Theorie und unbrauchbar für eine gesunde Praxis. Dagegen richtet sich der Prozefs, welcher es — nach dem Ausdruck L. v. Stein's — versucht, «die staats-, wissenschaftliche Bildung zu einem Theile der juristischen zu machen, und der sich damit erfüllen wird, die Einheit aller formalen Gebiete der Rechtsfächer und damit des Rechtsbewufstseins in der Wissenschaft des Staatslebens wieder zu finden.» Diesem Ziele war Lorenz von Stein's reiche wissenschaftliche Arbeit selbst vornehmlich gewidmet. Dafs sie wenig weitergreifende Wirkungen erzielt hat, ist leider nicht blofs die Schuld der «stumpfen Welt», sondern auch der literarischen Art Stein's. Immerhin sind seine Schriften eine reiche Fundgrube für die Förderung jener Entwickelung; und es sei gerade in diesem Zusammenhange auf die gedankenvolle Vorrede zur 3. Aufl. seines Handbuchs der Verwaltungslehre (Bd. I, 1888) hingewiesen. Wenn die dort angeregten Ideen mit der Kraft der Wahrheit siegreich durchdringen, so wird man sich auch bei uns endlich zur Durchführung der längst nothwendigen Reform in der Organisation der Universitäten entschliefsen müssen. Jetzt ist die juristische Fakultät ein Torso; und die Nationalökonomie mit ihren Nebenfächern befindet sich in der Diaspora, in jenem Tohuwabohu nicht zusammengehöriger Dinge, das man philosophische Fakultät nennt. Dem Wesen der Sache, dem Bedürfnisse des Lebens wie der Wissenschaft entspricht einzig eine staatswissenschaftliche Fakultät, welche alle Zweige des Wissens vom Gemeinleben der Menschen, die rechtlichen wie die wirthschaftlichen, als ein organisches Ganze umfafst.

*) Es ist ganz folgerichtig, dafs diejenigen Schriftsteller, welche den äufseren, mechanischen Zwang als wesentliches Moment des Rechtsbegriffs ansehen (vgl. oben N. 4), dem Völkerrecht höchstens eine geduldete Existenz insofern zugestehen, als dasselbe äufsere Organisationen hervorbringt oder doch wenigstens verspricht. So sagt z. B. Lasson («Prinzip und Zukunft des Völkerrechts»): «Ein Recht ohne Garantie ist gar kein Recht. Also schon wegen des Mangels einer garantirenden Macht sind die Staaten im Zustande des unausgesetzten Krieges gegeneinander.» Eine garantirende Macht ist nach dieser Auffassung natürlich nur in dem allein seligmachenden Schutzmann zu finden. Dann wird jedoch trotz des Dogmas von dem unausgesetzten Kriegszustande, der — wohl gemerkt! — nicht nur ein thatsächlicher, sondern ein begrifflich nothwendiger sein soll, die Möglichkeit internationaler Organisationen, in Sonderheit der Schiedsgerichte, zugegeben. Also das Völkerrecht wird in seiner Wurzel negirt, in seinem jüngsten und letzten Keime aber anerkannt. Lasson z. B. konstruirt sich demgemäfs das Völkerrecht als eine Art Quasi-Recht, dessen Natur es sei, «dafs es zunächst durch die Erkenntnifs des Zweckmäfsigen und des Gerechten wächst». Sehr gut; aber das ist eben die Natur des Rechts überhaupt; und auch dadurch, wie in allem Uebrigen, charakterisirt sich das Völkerrecht als wahres und wirkliches Recht, trotzdem ihm die Zwangsvollstreckung durch Schutzmann und Gerichtsvollzieher fehlt. — Uebrigens stehen diese Fragen im innigsten Zusammenhang mit der Auffassung des Staatsbegriffs. Derselbe Lasson fafst in seinem «System der Rechtsphilosophie» (S. 281 fg.) diesen Begriff ebenso irrig und eng, wie den

des Völkerrechts, wenn er im Staate nur eine Zwangsanstalt zu dem alleinigen Zwecke der Rechtserhaltung sieht. Vgl. über diese Fragen: Preufs: Gemeinde, Staat, Reich S. 199 fg. — Was im Besonderen die internationalen Schiedsgerichte betrifft, so wurde schon im Text angedeutet, dafs dieselben, soweit sie bisher praktisch in die Erscheinung getreten sind, nicht als Ausflüsse, sondern höchstens als Surrogate einer internationalen Organisation gelten können. Etwas anderes wäre es mit der ständigen Einrichtung von «hautes cours d'arbitrage», wie sie von Laveleye u. A. vorgeschlagen worden sind. Solche wären wirklich Organe der internationalen Gemeinschaft d. h. einer über den streitenden Parteien stehenden, höheren Einheit. Dagegen ist das gegenwärtig allein übliche Verfahren ein begrifflich unorganisirtes; der Schiedsrichter fungirt in keiner Weise als Organ einer die Parteien mitumfassenden Einheit, sondern er ist ein durch vertragsmäfsige Abrede bestellter Dritter. Insofern hat Lueder (in Holtzendorff's Handbuch des Völkerrechts Bd. IV S. 216) Recht, wenn er meint, diese Schiedsgerichte seien «im Grunde doch nur eine Art friedlichen Ausgleichs unter Vermittelung fremder Mächte». — Nichtsdestoweniger gehören die Schiedsgerichte in's Völkerrecht; denn ihre rechtliche Natur ist trotzdem zweifellos. Es verhält sich in dieser Hinsicht mit dem internationalen Schiedsverfahren nicht anders, als mit dem innerstaatlichen, z. B. auf dem Gebiete des Privatrechts. Auch hier wird die staatliche Organisation zur Fixirung des Rechts nicht in Anspruch genommen; aber das Schiedsverfahren beruht doch auf der Voraussetzung, dafs ein gemeinsames Band objektiven Rechts die Parteien verbindet und bindet. Ebenso stellen internationale Schiedsgerichte zwar keine internationale Organisation zur Fixirung des Rechts dar; aber sie beruhen doch auf der Voraussetzung, dafs ein objektives internationales Recht auch hier die Parteien, d. h. die Staaten verbindet und bindet. Demgemäfs sind auch die Materien, welche bisher thatsächlich in der Staatenpraxis einem internationalen Schiedsgericht unterbreitet worden sind, stets überwiegend juridischer Art, Rechtsfragen gewesen; vgl. die ausführliche Uebersicht von Bulmerincq im Handbuch a. a. O. S. 45 fg. So spricht auch diese Beobachtung für unsere Anschauung, dafs die Existenz und Wirksamkeit eines Völkerrechts von wahrem und wirklichem Rechtscharakter unabhängig ist von dem Vorhandensein einer internationalen Organisation.

Freilich, dafs das Völkerrecht den Drang zur Entwickelung einer solchen Organisation in sich trägt, dafs es dieselbe anbahnt und andererseits erst durch sie vollendet würde, ist ebenso richtig und bewährt sich ebenfalls in der vorliegenden Frage. So beachtenswerth die Warnungen Lueders (a. a. O) vor den Uebertreibungen und der Ueberschätzung der Schiedsgerichtsidee durch die Friedensapostel auch zweifellos sind, so neigt doch dieser Schriftsteller nach seiner ganzen Grundansicht (vgl. unten N. 20) zum anderen Extrem einer allzu engen Auffassung und Unterschätzung dieses überaus fruchtbaren und entwickelungsfähigen Gedankens. Ihm gegenüber billigen wir mehr die Anschauung Bulmerincq's (l. c. S. 58): «Es ist ein arger Widerspruch, wenn Staaten, welche für ihre inneren Beziehungen den Rechtsstaat acceptirt haben, ihn für ihre äufseren ablehnen, überhaupt für diese nur die Willkür der Politik als mafsgebend anerkennen.» — Erkennt man aber die innerliche Fruchtbarkeit und Nothwendigkeit jener Idee an, so wird man auch zugeben, dafs ihre Fortentwickelung auf irgend eine permanente Organisation des internationalen Schiedsgerichtswesens hindrängt, so utopisch auch viele der bisher verlautbarten Projekte einer haute cour arbitrale sein mögen. Denn nach der zu Grunde liegenden Idee handelt es sich doch hierbei um ein Solidarinteresse der internationalen Gemeinschaft, für welches füglich am besten diese selbst durch eigene Organe einträte. Die gewaltigen

Schwierigkeiten, welche dem entgegenstehen, sollen gewifs nicht verkannt und unterschätzt, auch ihre relative Berechtigung keineswegs geleugnet werden. Aber andererseits sollte man auch diese wirklichen und berechtigten Schwierigkeiten nicht noch durch eingebildete und unberechtigte vermehren. Zu letzterer Kategorie gehören namentlich die Einwendungen, welche auf der — hier wiederholt bekämpften — Ueberschätzung des äufseren, mechanischen Zwanges beruhen. Was nutzt ein Gericht ohne Exekutor, und demgemäfs ein internationaler Gerichtshof ohne Exekutivmacht, die mit Gewalt die Parteien dem Urtheilsspruch unterwerfen kann? Und wie soll eine solche internationale Zwangsmacht je beschafft werden? — Das ist ungefähr die Quintessenz dieser Einwürfe. Nun, in den überaus komplizirten Entwickelungsfragen des Völkerlebens führt der heroische Grundsatz: alles oder nichts! zu einer schlechten und unfruchtbaren Politik. Weil eine solche internationale Zwangsmacht zweifellos noch viel schwieriger zu konstruiren ist, als ein organisirter internationaler Gerichtshof, soll man doch letzteren ohne jene nicht verwerfen. Denn wirkungslos wäre er sicherlich auch so nicht. Je gröfser die völkerrechtlichen Garantien dafür sind, dafs das schiedsgerichtliche Urtheil der rechtliche Ausdruck der auf der Interessengemeinschaft beruhenden Ueberzeugung der ganzen Staatenfamilie ist; je unabhängiger und unparteiischer der internationale Gerichtshof organisirt ist, desto wirksamer mufs naturgemäfs der seiner Sentenz innewohnende, immanente Zwang sein, auch ohne eine dahinter stehende internationale Schutzmannsarmee. Die eigensten Interessen eines Staates müssen ihn selbstverständlich viel nachdrücklicher hindern, sich dem Ausspruch eines Organs der ganzen internationalen Gemeinschaft zu widersetzen, als dem von Schiedsrichtern, die lediglich von den Parteien selbst bestellt sind. Und im Uebrigen: kleine Fortschritte in grofsen Zeiträumen!

Daran festhaltend wollen wir auch die Fortschritte, welche die vertragsmäfsige Vereinbarung von Schiedsgerichten in der bisherigen unorganisirten Art macht, nicht unterschätzen. Wie wirkungsvoll auch hier die wirthschaftlichen Interessen die Rechtsbildung beeinflussen, geht auch daraus hervor, dafs die wirthschaftlich entwickeltsten Länder, England, Nordamerika an der Spitze dieses völkerrechtlichen Fortschritts stehen, wofür Leute von engem Geist und grofsen Worten sie der «Krämerpolitik» bezichtigen. Eine solche «Krämerpolitik» hat noch immer die segensreichsten Fortschritte menschheitlicher Kultur angebahnt. Je mehr vorläufig die wirthschaftlichen Interessen der Staaten, die ja allesammt auf die Sicherheit des weltwirthschaftlichen Verkehrs angewiesen sind, auf vertragsmäfsige Einsetzung von internationalen Schiedsgerichten hindrängen, desto intensiver gestaltet sich allmählich ein umfassendes System solcher Verträge, wodurch der Uebergang zu einer dauernden Organisation angebahnt, fast unmerklich herbeigeführt wird. Also: das internationale Recht ist bereits vorhanden und wirksam, auch ohne die Organisation; und so wünschenswerth letztere sein mag, so falsch ist es doch, das erstere zu leugnen, nur um das Schwergewicht auf diese zu legen. Quod erat demonstrandum!

[1]) Kaltenborn: «Zur Revision der Lehre von den internationalen Rechtsmitteln» giebt einen ganzen Katalog von solchen; darunter auch Repressalien und Retorsion, unter die wir übrigens Embargo und sogenannte Friedensblokade subumsiren. Auch Bulmerincq (a. a. O. S. 10 fg.) unterscheidet: «auf Selbsthülfe und nicht auf Selbsthülfe beruhende Rechtsmittel». Dafs ersteres eine contradictio in adjecto ist, wird im Text dargethan. Uebrigens ist es prinzipiell irrig, die begriffliche Scheidelinie, wie es auch in Holtzendorff's Handbuch Bd. IV geschieht, zwischen Retorsion bezw. Repressalien als Rechtsmitteln und Krieg als Gewaltmittel zu ziehen. Vielmehr charakteri-

siren sich jene als partielle Kriegszustände; und die begriffliche Grenzscheide läuft eben zwischen Recht auf der einen, Selbsthülfe auf der anderen Seite.

*) Auch Lueder (a. a. O. S. 179 fg.) spricht sich gegen die Auffassung des Krieges [als Mittel internationalen Rechtszwanges aus, wenn er auch andererseits meint: der Krieg sei «allerdings u. A. auch das äufserste Rechtsmittel der Völker und vertritt dann den Prozefs des inneren Staatsrechts, so dafs der Rechtsstreit eine der Veranlassungen des Krieges sein kann». Diese Einräumung ist unlogisch, da es für die Qualifizirung als Rechtsmittel nicht allein darauf ankommt, ob die Ursache ein Rechtsstreit gewesen. Auch zum Meuchelmord kann die Ursache ein Rechtsstreit sein, ohne dafs man jemals wohl den Meuchelmord unter die Rechtsmittel zählen wird. Lueder meint ferner, dafs die Eigenschaft als Rechtsmittel dem Kriege nicht deshalb abgesprochen werden könne, weil der Erfolg vom Zufall abhänge und eventuell dem Rechte nicht entspräche; denn das käme auch bei innerstaatlichen Prozessen trotz guter Gesetze und Richter vor. Das ist doch ein wenig oberflächlich argumentirt, indem nicht unterschieden wird zwischen formeller und materieller Garantie einer rechtlichen Entscheidung. Eine materielle Garantie hierfür giebt es freilich auch in innerstaatlichen Verhältnissen nicht, da die Richter stets Menschen sind und als solche immerdar nicht nur irren, sondern auch absichtlich Unrecht thun können. Dagegen ist eine formale Garantie dafür, dafs der Prozefs der Verwirklichung des Rechts dienen soll, eben durch Einfügung des — doch jedenfalls der Idee nach — unparteiischen Gerichts zwischen die Parteien gegeben, wovon beim Kriege keine Rede ist. Der Zweck der Parteien ist überall, im Prozefs wie im Kriege, lediglich: zu siegen; für ein Rechtsverfahren bedarf es darum begrifflich immer noch eines dritten Faktors, dessen Zweck nicht nur subjektiv, was bei den Parteien auch der Fall sein kann, sondern vor allem objektiv lediglich die Festellung des Rechts ist. Auch bei dem internationalen Schiedsverfahren wird ein solcher unparteiischer Dritter bei dem Mangel einer höheren Organisation als Surrogat derselben durch Vertrag geschaffen (vgl. oben N. 6). Der Satz, dafs Niemand Richter in eigener Sache sein kann, ist nicht blofs positiv rechtlich, sondern fliefst aus dem begrifflichen Wesen des Rechtsverfahrens. So ist wegen des Mangels jener formalen Garantie schon allein die Eigenschaft des Krieges als Rechtsmittel, wie im Text geschehen, zu negiren. Auch die Analogie mit Nothwehr und Nothstand, auf welche Lueder (a. a. O. S. 187) gleichfalls Bezug nimmt, ist von mir im Text bereits widerlegt worden, abgesehen davon, dafs sie überhaupt weniger für den Krieg, als für Retorsion und Repressalien pafst.

Uebrigens kommt, wie schon bemerkt, Lueder, wenn auch aus anderen Gründen, doch zu demselben Resultat, dafs der Krieg kein Rechtsbegriff ist, und dafs das Wesen des Völkerrechts in dieser Hinsicht lediglich in der Beschränkung und Einengung besteht. «Der Krieg ist zwar an sich kein Rechtsbegriff sondern nur physische Gewalt; aber diese Gewalt ist durch die Entwicklung des Völkerrechts gewissen Regeln und Schranken unterworfen worden, innerhalb welcher sie geübt werden mufs und die sie nicht überschreiten darf.» Das ist dieselbe Ansicht, welche wir im Text vertreten, dafs der Krieg nur nach der negativen Seite hin in's Völkerrecht gehört. Dafs aber diese völkerrechtliche Eindämmung des Krieges eine wahre und wirkliche Rechtsschranke darstellt, dafür tritt Lueder (S. 189) mit guten Gründen und erfreulicher Entschiedenheit ein gegenüber den beliebten Anzweiflungen, welche die Wirksamkeit des Völkerrechts ganz besonders hier zu erfahren hat. Mit Recht führt er aus, dafs etwaige Verletzungen jener völkerrechtlichen Schranken ebensowenig etwas gegen ihren Rechtscharakter beweisen, wie etwa Verbrechen etwas gegen den Rechtscharakter des Strafrechts; und dies umsoweniger in Anbetracht der Jugend des Völkerrechts, und «als die Lage auf den anderen Rechtsgebieten, solange auch hinter ihnen kein längeres Entwicklungsstadium lag, keine andere war. Zudem sind aber die Verletzungen des vereinbarten oder hergebrachten Kriegsrechts erfahrungsmäfsig nicht einmal besonders häufig. Es wird im Gegentheil, und bis in das Toben des einzelnen Kampfes hinein, nicht schlechter beobachtet als das Staats- und Privatrecht». — Wir können diesen Ausführungen nur durchaus zustimmen, um so lieber, als wir nicht nur im Bisherigen gegen Ansichten Lueders ankämpfen mufsten, sondern vor Allem auch seine Anschauung über die Bedeutung des Krieges im Allgemeinen entschieden verwerfen. Siehe darüber unten N. 20.

*) Die von mir im Text vertretene Auffassung des historischen Entwicklungsprozesses wird dem Kundigen unverkennbare Berührungspunkte mit der sogenannten materialistischen Geschichtstheorie bieten, wie sie besonders von Karl Marx dargestellt worden ist. In der That erkenne ich denn auch in dieser einen reichen Schatz treffender und fruchtbarer Gedanken. Jedoch die Nutzanwendung, welche Marx und seine Jünger davon für die sozialistischen Weltbeglückungsprojekte zu machen versucht haben, erscheint nicht nur praktisch unausführbar, sondern vor Allem auch theoretisch — gerade von jenem richtigen Ausgangspunkte aus — verfehlt und inkonsequent. Es ist hier natürlich nicht der Ort, darauf des Näheren einzugehen; jedoch einige kurze Bemerkungen seien gestattet, die sich in engstem Zusammenhange mit dem im Text Vorgetragenen aufdrängen. Der Marx'sche Sozialismus erkennt durchaus richtig die entscheidende Bedeutung der wirthschaftlichen Interessen sowie des Ringens von Interessengemeinschaft und Interessengegensatz. Aber er verkennt völlig zweierlei. Einmal für die Gegenwart, dafs in der heutigen Gesellschaft neben allem Kampf der Interessengegensätze der Stände und Klassen eine weite und durch den immanenten wirthschaftlichen Zwang gesicherte Sphäre der Interessengemeinschaft vorhanden ist. Hier sieht er irriger Weise nur den Klassenkampf. Sodann für die Zukunft, wie sie der Sozialismus ausmalt und erstrebt, dafs die völlige Verdrängung des Interessengegensatzes durch die Interessengemeinschaft eine Chimäre ist und sein mufs, der die ganze historische Entwicklung gerade nach der materialistischen Auffassung von Grund aus widerspricht. So wenig es ein goldenes Zeitalter ohne Gegensatz wirthschaftlicher Interessen in der Vergangenheit jemals gegeben haben kann, ebensowenig ist ein solches in der Zukunft jemals denkbar. Das Zusammenwirken der beiden Elemente Interessengegensatz und Gemeinschaft erzeugt den Strom der historischen Entwicklung. Hätte jemals eines davon gefehlt, so hätte es diesen Strom niemals gegeben; würde jemals eines fortfallen, so müfste dieser Strom erlöschen. An ein Aufhören der Geschichte durch Einführung der sozialistischen Produktionsweise glauben aber wohl auch die orthodoxesten Marxisten nicht; dies wäre jedoch in ihrem Sinne die logische Konsequenz der materialistischen Geschichtstheorie. In Wahrheit zeigt vielmehr diese Entwicklung stets neben dem Fortschreiten der Interessengemeinschaft zugleich eine fortschreitende Differenzirung der Interessengegensätze. Je intensiver die Interessengemeinschaft auf der einen Seite die Gesellschaft verbindet, desto komplizirter gestalten sich andererseits die sie durchziehenden Interessengegensätze. Fortschreitende Vergesellschaftung und zugleich fortschreitende Differenzirung, das sind die Elemente, welche die wissenschaftliche Betrachtung der Vergangenheit und Gegenwart als historisches Lebensprinzip erkennen läfst; und um das Gegentheil als Wunder der Zukunft zu prophezeien, darf man sich nicht auf die materialistische Geschichts-

theorie berufen. Uebrigens hatte Marx ja die konkrete Probe auf das abstrakte Exempel in England, dem wirthschaftlich entwickeltsten Lande, vor Augen. Genau demselben Prinzip gemäfs unterscheidet sich die hier vertretene Fortbildung der Völkerrechtsgemeinschaft von den Idealen des internationalen Sozialismus. Nicht auf eine Sprengung der staatlichen Organisation im Sinne der rothen Internationale weist die in der bisherigen historischen Entwicklung schon vorgezeichnete Weiterbildung internationaler Gemeinschaft hin, sondern gerade auf ihre Förderung durch fortschreitende Ausgestaltung jener staatlichen Organisationen. So wenig innerhalb eines Staates die völlige Verdrängung der Interessengegensätze durch die Gemeinschaft nach der Natur der Sache denkbar ist, ebenso wenig das Verschwinden der nationalen Interessengegensätze in einer kosmopolitischen Weltbrüdergemeinde. Aber hier wie dort entwickelt sich neben den komplizirten Gegensätzen eine immer intensivere Interessengemeinschaft; und das aus ihr entspringende Recht zügelt den Kampf der internationalen Interessengegensätze und zwingt ihn in Rechtsformen, wie es dies für das innerstaatliche Leben im Wesentlichen bereits gethan hat.

10) Vgl. meine Schrift: Gemeinde, Staat. Reich; Kap. XI: «Stadtgebiet und Landeshoheit im alten Reich.» S. 291 fg.

11) Vgl. Roscher: «Geschichte der Nationalökonomik.» S. 101 fg.

12) Vgl. Laspeyres: «Geschichte der volkswirthschaftlichen Anschauungen der Niederländer und ihrer Literatur zur Zeit der Republik» — und Roscher a. a. O. S. 223 fg.

13) Vgl. meinen Aufsatz: «Entwicklung und Bedeutung des öffentlichen Rechts» in Schmoller's Jahrbuch Jahrg. XIII Heft 4, S. 105 fg.

14) So noch neuestens Brie: «Die Fortschritte des Völkerrechts seit dem Wiener Kongrefs» S. 7 fg.

15) Lothar Bucher l. c. S. 28 meint sogar, dafs entwicklungsgeschichtlich der internationale Vertrag die erste Form der ausdrücklichen Rechtssatzung gewesen sei, nicht das innerstaatliche Gesetz, welches erst später in die Erscheinung getreten und «der Sündenfall der Rechtsentwicklung» sei. «In der Berührung mit Anderen, Fremden, Barbaren d. h. Stammelnden, derselben Sprache nicht Mächtigen, zum Kampf und zum Vertrag mit ihnen werden die durch ihre wirthschaftlichen Beziehungen, durch die Theilung der Arbeit verbundenen Zusammenwohnenden viel eher das Bedürfnifs empfunden haben, einen Führer und Vertreter zu haben als in ihren inneren Angelegenheiten. Ein internationaler Vertrag ist wohl die erste willkürlich, mit Bewufstsein aufgestellte Rechtsregel gewesen, während im Innern die Sitte und die Jury d. h. das Nachbargericht gegen den Verächter der Sitte noch lange vorgehalten haben.»

16) Vgl. hierzu das oben in N. 9. Ausgeführte.

17) v. Steck: «Versuch über Handels- und Schifffahrtsverträge.» 1782.

18) v. Melle in Holtzendorff's Handbuch des Völkerrechts Bd. III S. 151 fg. und S. 159 n. 11.

19) Die Warnung vor Ueberschätzung dieser internationalen Organisationen richtet sich, wie meine früheren Ausführungen zeigen, gegen diejenigen, welche die Existenzberechtigung des Völkerrechts allein oder doch vornehmlich nach jenen Bildungen beurtheilen wollen. Dagegen als Ausläufer und Blüthen völkerrechtlicher Entwicklung betrachtet, können diese internationalen Organisationen, besonders der grofsen Verwaltungsvereine gar nicht hoch genug geschätzt werden.

Unter diesem Gesichtspunkte gehören sie zu dem Fruchtbarsten und Bedeutsamsten, was die heutige Rechtsgestaltung überhaupt hervorgebracht hat. Es ist das Verdienst L. v. Stein's, die Bedeutung dieser Erscheinungen zuerst systematisch betont zu haben: Handbuch der Verwaltungslehre (3. Aufl.) Bd. I S. 145 fg. («Das Völkerrecht und die auswärtigen Angelegenheiten») und besonders S. 262 fg. («System des internationalen Verwaltungsrechts»); vgl. auch ebenda Bd. II, S. 828 fg. («Die internationale Verwaltung der Volkswirthschaft»). Im Einzelnen freilich müssen die Ausführungen und Distinktionen Stein's mannigfachen Bedenken und Widersprüchen begegnen. Auch Jellinek; «Die Lehre von den Staatenverbindungen» S. 109 fg. hebt mit Nachdruck und Wärme die grofse und verheifsungsvolle Bedeutung jener völkerrechtlichen Bildungen hervor. Wir stimmen ihm und Stein völlig in dem Glauben bei, «dafs man nach einem Jahrhundert kaum begreifen wird, wie die Träger der Kultur ohne eine internationale Verwaltungsorganisation haben leben können». Und ebenso zutreffend sind die Worte Jellinek's, dafs sich von den organisirten Verwaltungsbündnissen aus eine grofsartige Perspektive in die Zukunft des Völkerrechts sowohl in Theorie als Praxis eröffnet.

20) Die Ausführungen im Text dürften uns vor dem Verdachte urtheilsloser Schwärmerei für die Ideen von Aposteln des ewigen Friedens, die kein Verständnifs für die Bedingungen der Wirklichkeit beweisen, genügend schützen. Aber wenn es ein unfruchtbares Beginnen ist, den ewigen Frieden für eine nähere oder fernere Zukunft mit Sicherheit zu prophezeien, so ist es doch nicht minder unfruchtbar, die Ewigkeit des Krieges als unantastbares Dogma aufzustellen. Da ist Prophete rechts, Prophete links; und das echte Weltkind bleibt auch hier gescheidter Weise in der Mitten. Vollends verwerflich aber erscheint eine Anschauung, welche die Beseitigung des Krieges nicht nur für ein thatsächlich unerreichbares, sondern überhaupt für kein Ideal hält; nicht nur für unmöglich sondern gar nicht für erstrebenswerth. Die Erörterung hierüber ist in dem bekannten, wiederholt publizirten Briefwechsel zwischen Moltke und Bluntschli gewissermafsen formulirt worden. Was man jedoch bei dem grofsen Schlachtendenker für eine psychologisch höchst begreifliche Ueberschätzung des Berufs, dessen Meister und gefeiertster Vertreter er war, ansehen und verstehen kann, das gewinnt ein anderes Antlitz, wenn es von Gelehrten, von Vertretern des Völkerrechts verfochten wird. Ihnen gegenüber ist das bekannte Wort Holtzendorff's von den «in akademischer Freiheit dressirten Kasernengeistern» zwar wenig höflich, aufrichtig und begreiflich.

Jener Standpunkt ist nun neuerdings wieder von Lueder in seinem hier wiederholt citirten Beitrag in Holtzendorff's Handbuch des Völkerrechts Bd. IV (S. 203 fg.) mit Nachdruck vertreten worden; wogegen einige Bemerkungen hier um so mehr am Platz sein dürften, als wir im Uebrigen vielfach den Warnungen Lueder's vor einer Ueberspannung der völkerrechtlichen Ideen zustimmen.

Es ist charakteristisch, dafs als richtige Propheten sowohl die des ewigen Friedens wie die des ewigen Krieges damit beginnen, den lieben Gott in die Debatte zu ziehen. Die Einen argumentiren, dafs der Gott der Liebe, der das Tödten verboten und gesagt: mein ist die Rache! den Krieg nicht wolle; die Anderen und mit ihnen Lueder lehren: «Ist der Krieg göttlich, weil ein Weltgesetz, so steht er auch mit dem richtigen Kulturideal in Einklang und ist heilsam und gut.» Man sollte doch aber endlich auch im Völkerrecht den modernen Grundsatz beherzigen, dafs der liebe Gott in die profane Wissenschaft unter gar keinen Umständen hineingehört. Das hat mit der Frage des Glaubens absolut nichts zu thun; und gerade gläubige Gemüther sollten sich sagen, dafs der Wille

Gottes ihrer Vormundschaft nicht bedarf, und dafs es etwas lästerlich ist, die eigene wissenschaftliche Theorie mit der göttlichen Autorität zu schmücken. An diesem Urtheil kann es nichts ändern, dafs auch Männer wie Holtzendorff, der sonst völlig auf modernem Boden stand, die Schwäche hatten, für die nach unserer Meinung richtige Anschauung in der vorliegenden Frage Argumente aus der Bibel beizubringen. Was ist gerade in staatlichen Dingen nicht alles aus dieser Quelle mit gleicher Inbrunst der Ueberzeugung abgeleitet worden. Aus dem in der Bibel geoffenbarten Willen Gottes leiteten die Hoftheologen das Recht des fürstlichen Absolutismus her und die Puritaner das Recht zur Revolution und zur Hinrichtung Karl Stuart's. Man wird doch endlich sich dabei bescheiden müssen, dafs die Bibel kein Kodex des Staats- noch des Völkerrechts ist; und ob Gott den ewigen Frieden oder den ewigen Krieg will, weifs nur er allein; wir haben es lediglich mit irdischen Argumenten zu thun.

In dieser Hinsicht fassen Lueder und seine Gesinnungsgenossen den Krieg mit Vorliebe unter dem Gesichtspunkt der höheren Pädagogik auf, «als ein nothwendiges Erziehungs- und unentbehrliches Zuchtmittel des Menschengeschlechts». Zunächst hängt diese Anschauung im Grunde doch mit der eben bekämpften zusammen; denn dabei steht nothwendig im Hintergrunde wieder der liebe Gott als Zuchtmeister, der seinen Zöglingen gelegentlich zu Nutz und Frommen gehörig die Ruthe giebt. Aber vielleicht wird, wie der Mensch, auch die Menschheit einmal erwachsen, so dafs sie das Nöthige und Nützliche, wie der Erwachsene, in der Regel auch ohne Prügel thut. Vom Standpunkt entwicklungsgeschichtlicher Betrachtung aus ist mit jenem Argument weiter gar nichts gesagt, als der eminent selbstverständliche Satz, dafs der Krieg, solange er existirt, auch innerlich nöthig ist. Für die zukünftige Entwicklung aber ergiebt sich daraus nicht das Mindeste; denn die fortschreitende Entwicklung kann und soll dann eben dahin gehen, mit der innerlichen Nothwendigkeit auch die Existenz des Krieges einzuschränken und eventuell aufzuheben. Dafs diese Entwicklung nicht möglich, ja nicht erstrebenswerth sei, ergiebt sich doch aber wahrhaftig nicht daraus, dafs sie zur Zeit noch nicht vollendet ist. Die Behauptung ferner, dafs manche Tugenden, wie «Muth, Aufopferung, Gehorsam, Ehrgefühl, kurz alles, was Männlichkeit ist», ohne Krieg sich nicht entwickeln; manche Laster, wie «Verweichlichung, Genufssucht, Versinken im Materialismus, Ueberschätzung der irdischen Güter» ohne Krieg nicht gehemmt werden könnten, ist doch nicht nur willkürlich, sondern schlägt den Thatsachen geradezu in's Gesicht. Einmal ist es schon eine unsagbar oberflächliche Auffassung, Muth, Aufopferung, Ehrgefühl, kurz wahre Männlichkeit sich nur in Uniform, im Schlachtgewühl vorstellen zu können, während jeder verständnifsvolle Blick in das alltägliche Leben eine moralisch weit tiefere Bethätigung jener schönen Eigenschaften in unscheinbarem Gewande zeigt, als in den Ausnahmezuständen des Krieges. Thatsächlich weifs denn auch die Geschichte, besonders die Kulturgeschichte, wie begreiflich, als Folge grofser Kriege weit mehr von Verrohung, Zerrüttung bürgerlicher Ordnung und dergleichen zu erzählen, als von gehobener Moralität. Wie unsagbar edel hätte nach Lueder's und seiner Genossen Meinung die Generation nach dem dreifsigjährigen Kriege sein müssen, welche jene gewaltige Hochschule aller edlen Eigenschaften 60 Semester lang frequentiren konnte. Leider zeigen die Thatsachen ein ganz anderes Bild. Und die neueste deutsche Geschichte! Das Geschlecht, welches die Kriege von 1866 und 1870 schlug, war in einer funfzigjährigen Friedensperiode aufgewachsen, also nach Lueder höchst wahrscheinlich in «Verweichlichung, Genufssucht» etc. versunken. Die sogenannte Gründerperiode aber, der vielbeklagte «Tanz um's goldene Kalb» kam nach den grofsen Kriegen und nicht ohne ursächlichen Zusammenhang mit ihnen. O ihr Realisten!

An einer Stelle sieht bei Lueder's Argumentation der bekannte Pferdefuſs recht deutlich hervor. Zu den Lastern, denen der Krieg entgegenwirkt, rechnet er nämlich stillvergnügt: die Ueberschätzung «gewisser innerstaatlicher Einrichtungen wie des Parlaments- und Parteiwesens». Aha, hinc illae lacrimae! Ja freilich, das parlamentarische Laster verträgt sich nicht besonders mit dem Kriege, obwohl andererseits wahrhaft grofse und nothwendige Kriege auch von der Zustimmung des im Parlamente vertretenen Volkes getragen werden. Aber «inter arma silent leges»; bis zu gewissem Grade auch unbequeme Verfassungsschranken. Solch' Gedankengang ist bei einem General ganz natürlich; weniger bei einem Vertreter der Rechtswissenschaft.

Lueder meint: «Diejenigen Völker, welche die wenigsten Kriege aufzuweisen haben, stehen deshalb auch am weitesten in der Kultur überhaupt oder der Entwicklung gewisser Seiten derselben zurück.» Eine überaus kühne Behauptung; e contrario liefse sich folgern, dafs afrikanische Negerstämme, die in unaufhörlichem Kriege leben, am weitesten in der Kultur voran seien; jedenfalls weiter, als die Schweizer, die seit 80 Jahren nur den kleinen Sonderbundskrieg geführt haben. Aber Lueder giebt selbst ein Beispiel: «Nordamerika ist ein Beispiel dafür, welche Nachtheile aus langem Frieden und dem blofs dem friedlichen Geschäft und Gewinn gewidmeten Leben erwachsen.» Ja; aber auch welche Vortheile! Und auf welcher Seite das Uebergewicht ist, das ist doch recht zweifelhaft. Es giebt Leute — und zwar solche, welche die amerikanischen Verhältnisse innerlichst kennen, — die die Vortheile für unendlich überwiegend halten. Zudem ist der Zusammenhang dieser Vortheile mit der Freiheit Amerikas von den Lasten des Militarismus klar und zweifellos, während der Zusammenhang jener Nachtheile mit dem Friedenszustande nur eine recht fragwürdige Behauptung ist. Denn Amerika hat ja einen vierjährigen Bürgerkrieg geführt, der länger, gewaltiger und tiefgreifender war, als alle unsere Kriege seit 1815 zusammen. Das amerikanische Leben zeigt wesentlich andere Züge, als das unsere; gewifs, aber dafs es in summa deshalb geringwerthiger ist, das ohne Weiteres anzunehmen, ist Pharisäerart.

Auf die behauptete segensreiche Wirkung des Krieges für Wissenschaft und Kunst einzugehen, können wir uns ersparen. Denn dafs die Technik sich Mangels der Kanonen- und Pulverindustrie fruchtbarere Arbeitsgebiete suchen würde; dafs «der Dichtkunst, der Malerei, der Plastik aller Völker» auch ohne neue kriegerische Motive geholfen würde, bedarf keiner Worte. Und dafs vollends «auch in nationalökonomischer und internationalökonomischer Beziehung der Krieg von sehr wohlthätiger Bedeutung» sein soll, das steht auf gleicher Höhe mit der Ansicht, dafs Feuersbrünste für das Baugewerbe und grofse Sterblichkeit für — die Hebammen vortheilhaft sind.

Nur ein Argument sei noch beleuchtet, weil es dem Kern der Sache am nächsten steht. Lueder sagt: «So zeigt uns auch die gesammte Natur ein Bild des Kampfes. Krieg ist ihre Losung und zwar innerhalb der menschlichen Rassen nicht weniger als sonst in der Natur. Krieglosigkeit ist deshalb nicht nur ein unmöglicher, sondern auch ein unnatürlicher und ungesunder Zustand. Darauf deutet auch das tief innewohnende Kampfesbedürfnifs und die Kampfnothwendigkeit des Menschen, wie auch im Leben der Einzelnen keine neue Idee und keine Fortschrittsentwicklung ohne Kampf sich Bahn bricht.» Diese Ansicht theilen wir voll und ganz; der Kampf ist nach der Natur der Dinge genau so ewig, so unentbehrlich für die Entwicklung der Menschen, wie der Interessengegensatz; denn jener ist mit diesem identisch. Dafs ein Verlöschen des Interessengegensatzes undenkbar ist, wurde früher dargethan (vgl. oben N. 9). Aber Art und Form des ewigen Kampfes ist veränderlich und dem Fortschritt zugänglich; dafs der Krieg d. h. Mord und Todtschlag eine ewig unabänderliche Form dieses Kampfes sei, dafür giebt es keinen Beweis, und darauf allein kommt es hier an. Die wilden Thiere kämpfen diesen Kampf, indem sie sich auffressen; die wilden Menschen machen es nicht viel anders; und der Krieg ist ein Rest jener wilden Kampfesform. Aber daneben hat die Kultur andere Mittel und Formen ausgebildet, in denen sich jener ewige Interessengegensatz äufsert. Auch die Glieder desselben Staates leben nicht in gegensatzloser Brüderlichkeit miteinander; auch wer nie in seinem Leben ein Schiefsgewehr oder einen Säbel gehandhabt, hat jenen Kampf um's Dasein, vielleicht täglich und stündlich, gekämpft; aber in den kultivirten Formen unserer Gesittung. Ob nicht auch der Kampf der Völker untereinander sich einstmals völlig in die Formen der Kultur fügen wird, in denen er sich ja jetzt schon in der Regel bewegt, — diese Frage können wir — Mangels Prophetengabe — nicht mit Sicherheit bejahen; aber noch weniger verneinen; und keinesfalls erscheint es vereinbar mit dem allgemeinen Gange der Kultur, das Erstrebenswerthe dieser Entwicklung als eines Kultur- und Rechtsideals zu leugnen. Wenn Lueder meint: «Es ist kein Ruhm unserer Zeit, dafs in ihr das Gefühl für die sittliche Bedeutung des Krieges vielfach abhanden gekommen ist,» so ist das in seinem Sinne eine Aeufserung moralischer Begriffsverwirrung. Leider giebt ihm unsere Zeit lange nicht genug Anlafs zu seinem Vorwurf. Wir aber würden es für einen unvergleichlichen Ruhm eines Zeitalters halten, wenn die Bedeutung des Krieges als eines Rudiments der rohen Form, in der sich einst der natürliche und ewige Interessengegensatz äufserte, zum Durchbruch und zur Erkenntnifs käme.